KB235127

아동의 창의성 발달을 위한
긍정적 원예치료

# 긍정적 원예치료

주은연 지음

이담 Books

- 긴 담장을 가득 메웠던 장미꽃, 바람 따라 하늘거렸던 접시꽃과 해마다 내 손을 곱게 물들이던 봉숭아…… 철마다 예쁜 꽃들로 가득했던 그곳은 바로 할머니께서 정성스레 돌보며 가꾸던 시골집 앞마당과 골목길 풍경이다. 덕분에 그곳은 나비들과 곤충들뿐만 아니라 유년 시절의 나에게도 즐거운 놀이터였다. 꽃들의 진한 향기를 맡기도 하고, 가끔은 할머니를 따라 잡초를 뽑았던 기억이 아직도 가슴속에 생생하게 남아있다. 세월이 훌쩍 지나간 그곳은 이제 접시꽃들만 덩그러니 남아 그때를 추억하고 있다. 하지만 내 가슴속에는 그 이미지들이 사진처럼 선명히 남아서 그 시절을 그릴 때마다 따뜻한 위안을 받곤 한다. 그 외에도 자연과 더불어 보냈던 어린 시절을 떠올려 보면 추억할 일이 많다. 햇살을 가득 담은 빨간 사과를 그 자리에서 바로 따 먹었던 일, 친구들과 함께 산열매를 먹으며 산과 들로 뛰어다니며 놀던 일, 나뭇가지를 모아 숲 속에 우리들만의 아지트를 만들었던 일, 들풀로 이것저것 예쁜 것들을 만들어 친구들과 서로 바꾸어가며 놀던 일. 그리고 늘 말뚝에 묶여 있던 누렁이가 안쓰러워 리코더를 불어주던 일. 돌이켜 보면 변변한 장난감 하나 없어도 자연 속에서 즐겁기만 했던 것 같다.

- 예술가는 자연을 통해 영감을 얻어 많은 이에게 아름다움을 주는 작품을 남기기도 하며, 과학자들은 자연의 이치를 탐구하여 위대한 법칙을 발견하기도 한다. 그리고 많은 사람들은 식물의 강인한 생명력을 통해 상처와 어려움을 극복할 수 있는 용기를 얻기도 한다. 이처럼 우리들은 자연을 통해 새로운 즐거움과 지식을 발견하게 되며, 마음의 조화와 균형을 이루도록 가르침을 받는다. 하지만 오로지 학교와 학원으로 내몰려 자연과 호흡할 수 있는 여유조차 가지지 못하는 요즘 아이들을 보면 절로

안타까운 마음이 든다.

●　　　아동은 원예치료를 통해 식물을 보고 만지고 돌봄으로써 자연과 교감할 기회를 갖는다. 그리고 자연으로부터 보살핌을 받는 것을 넘어 보살핌을 제공하는 경험을 하게 되는 등 원예 매체를 통한 최적의 경험으로 동기부여가 되고, 긍정적인 변화와 발달 과정을 겪는다. 하지만 현재 아이들이 이용할 수 있는 치료정원과 같은 치료환경 여건들은 우리의 바람에 비하면 너무나 미흡하다. 그래도 주어진 환경 속의 작은 시도에도 변화를 보이는 아이들을 볼 때면 아이들 하나하나가 무한한 가능성을 지닌 존재라는 격언을 새삼스레 실감하게 된다. 그래서 아이들에게 자연 속에서 치료 이상의 소중한 경험을 할 수 있는 기회를 주고 싶은 욕심이 더욱 생긴다.

●　　　원예치료라는 말이 아직 생소할 때 이 일을 시작했던 터라 어렵게 이 길을 걸어왔던 것 같다. 하지만 웃는 날이 점점 많아지는 아이들을 보면서 나 또한 같이 웃음이 늘었고, 여기까지 오는 동안 아이들을 통해 힘을 얻었던 것 같아 아이들에게 매우 고마운 마음이 든다. 부족하지만 아동들을 위한 원예치료 관련 책을 쓰게 되어 영광이며 이 책이 나오기까지 보살펴주셨던 모든 분들께 감사드리며, 원예치료사로 활동하시거나 사회복지사, 치료사, 상담 전문가 등 아동과 함께하시는 모든 분들에게 이 책이 보탬이 되었으면 하는 바람이다.

2010년 봄
주은연

# CONTENTS

# Ⅲ 긍정적 심리학을 적용한 원예치료 프로그램의 실제

# Ⅰ 원예치료와 긍정적 심리학 이론

## 1. 원예치료

### 1) 원예치료의 개념과 특징

원예(園藝, horticulture)는 라틴어의 'hortus'(garden, 庭園)와 'colere' 또는 'cultura'(culture, 耕作)에서 유래되었다. 둘러쳐진 환경과 식물과 인간이라는 요소가 서로 관계를 맺고 엮어 가는 활동이라고 볼 수 있다. 그러나 실제의 원예(horticulture)의 'culture'의 의미는 '땅을 경작한다.'라는 의미 이외에도 마음, 감정, 흥미, 예절, 취향 등에 관한 것뿐만 아니라 일정 기간 동안에 일정한 사람들의 아이디어, 관습, 기술, 예술 등 그리고 문명의 개발, 개선 혹은 세련의 의미까지 포함하고 있다. 따라서 과거의 전통적 생산으로서의 원예가 아니라 사회원예로서의 의미를 포함하고 있다(손기철 외, 2006). 또한 원예는 교육매체로서의 역할을 포함하는데, 미국에서는 아동의 학문적 기술 양성을 돕기 위해 원예활동이 사용되고 있다(DeMarco, 1999). 특히 아동기는 환경과 생태계에 대한 기본 개념을 형성하는 시기로, 원예교육은 어른이 되어서보다 어릴 때 기본 개념을 형성하는 것이 좋다. 또한 원예는 기능이나 기술습득이 아니라 태도와 가치관의 교육이므로 초등교육에서의 원예는 아동의 인성발달 효과가 크다(Relf, 1992). 또한 아동들의 사회 정서적 발달, 친구 사귀기, 상호작용 등과 연관 있는 적응행동 발달, 지각 자극체를 통한 미적 감각의 발달, 전 조작기 아동들의 정신적 영상 형성과 관계가 있는 인지기능 발달 등에 다양한 효과가 있는 것으로 알려져 있다(곽혜란, 2004). 7차 교육과정에 명시된 실과 내용 중 원예 영역에 해당하는 교과내용 분석에서 원예교육 영역은 실외 원예와 실내 원예 영역으로 나눈다. 실외 원예는 꽃과 나무 가꾸기, 채소 가꾸기이며 실내 원예는 실내식물 가꾸기와 원예장식 및 그린 인테리어로 나뉘었으며 교육목표 중 친환경적 태도 배양이 강조되어야 하는 것으로 나타났다(곽혜란, 2005). 원예는 이러한 교육매체의 역할뿐만 아니라 치료매체로서의 역할을 포함하고 있다. 원예(Horticulture)가 식물을 대상으로 생산을 주목적으로 하는 것이라면 원예치료(Horticultural Therapy)는 식물을 이용하는 원예활동을 통해 인간의 재활을 주목적으로 한다. 원예활동은 일련의 과정을 통하여 다양한 자극으로 우리의 감각을 살아 있도록 만들며(서정근과 이상미, 2004) 자기계발의 원동력이 된다(Zajicek, 1997). 유치원 아동의 사회적 미성숙과 같은 문제행동(이명희, 2005)과 정신지체아동의 과잉행동, 위축행동과 같은 부적응행동 감소에 원예치료가 효과적인 것으로 나타났다(김정혜, 2003; 조현구 외, 2003). 특히 미국에서는 장애아동을 위한 대체치료로 원예치료가 실시되고 있으며 사회적·인식적·신체적·감정적인 면에서 효과적인 것으로 보고되고 있다(곽혜란·Relf, 2000). 즉 원예치료에서의 '치료'는 기존의 현대 의학


아동의 창의성 발달을 위한 긍정적 원예치료

적 치료와는 다르게 식물을 이용하는 원예활동을 통한 심리치료적 측면과 운동치료적 측면의 치료가 동시에 가능한 전인적 '치료'를 의미한다. 또한 식물을 이용한 다양한 창작활동으로 인해 예술치료적 측면의 개념까지 포함한다. 즉 원예치료란 식물을 매체로 한 대체치료로서 식물을 이용하는 원예활동을 통해 인간의 사회적·교육적·심리적 혹은 신체적 적응력을 기르고 그 결과 육체적·정신적 회복과 재활을 추구하는 것으로 궁극적으로는 삶의 질을 높이는 것을 의미한다(김홍열, 2003). 따라서 기존의 현대 의학적 치료와는 다르게 식물을 이용하는 원예활동을 통한 심리치료적·운동치료적 측면과 식물을 이용한 다양한 창작활동으로 인한 예술치료적 측면의 개념까지 포함한다.

원예치료의 가장 큰 특징은 생명을 지닌 식물을 매개로 이루어진다는 것이다. 원예나 자연 속의 활동은 사람, 특히 아동들의 정서를 가장 쉽고 그리고 효과적으로 갖게 하는 수단이다(곽혜란·곽병화, 2000). 식물은 지구의 주인이자 인간의 모체로서 인간에게 정서적인 안정뿐 아니라 오감을 자극하여 심신의 건강을 회복하는 데 더욱 효과적이라고 할 수 있다. 따라서 대상자와 식물 간의 상호작용은 무생물과는 다른 교감을 얻게 된다. 특히 원예치료 과정에서 생명을 직접 돌보는 양육 체험은 생명의 존엄성을 느낄 수 있는 전인적 치유 역할을 한다. 이는 언어를 주된 수단으로 이루어지는 치료사와 대상자 간에 상호 작용과 동시에 복합적으로 이루어지게 되어 치료 효과가 높아진다.

## 2) 원예치료의 진행

원예치료를 보다 효과적으로 진행하기 위해서는 대상자의 상태, 환경적인 요소 등을 고려해야 하며 또한 이를 수행하는 치료사의 자질 등 여러 가지가 중요하다. 대상자에게 맞추어 목표를 설정하고 프로그램을 계획하지만 치료 과정에서 여러 가지 변화가 일어나므로 수정을 하는 등 융통성이 필요하다. 그리고 무엇보다도 원예치료를 실행하는 것에 있어 원예치료사는 원예작업보다는 대상자가 가장 중요하다는 생각을 항상 염두에 두어야 한다.

### (1) 아동의 일반적인 특성 및 유의사항

치료 대상자의 일반적인 특성을 알고 있는 것은 치료진행에서 발생하는 상황을 이해할 수 있어 치료적 효과를 높일 수 있을 뿐만 아니라 대상자와의 라포 형성에도 도움이 된다. 아동의 일반적인 발달과정에 따른 특성을 알아보면 다음과 같다.

첫째, 의존성을 나타내며, 둘째, 미성숙한 단계에서 성숙한 단계로 옮겨가는 과정이다. 셋째, 생리적 욕구와 인격적 욕구가 강하게 일어나는 시기이며, 넷째, 매우 민감하며 가정을 시초로 사회화되어 간다. 다섯째, 사회 환경에 적응할 수 있는 능력을 갖추는 학습의 시기이다.

또한 이러한 아동의 일반적인 특성으로 인해 치료 진행에 있어 원예치료사는 다음 사항에 유의하여야 한다.


아동의 창의성 발달을 위한 긍정적 원예치료

① 언어, 기술, 재료 등을 아동의 수준에 맞추어야 한다.

② 칭찬과 격려 그리고 지도는 구체적이며 명료해야 한다.

③ 합리적이며 긍정적인 것에 초점을 맞추어 동기부여를 한다.

④ 나이가 어릴수록 집중 시간이 짧기 때문에 작업 시간은 길지 않아야 한다.

⑤ 특정한 목적 이외에는 똑같거나 비슷한 프로그램을 반복하지 않는 것이 좋다.

⑥ 아동기에는 의존도가 높으므로 지나친 감정이입이나 프로그램 이외의 사적인 만남 등은 피해야 한다.

⑦ 고학년일수록 정서적으로 민감하므로 아동 앞에서의 직접적인 기록은 하지 않아야 한다.

⑧ 다정한 목소리로 이름을 자주 호명하되 그룹진행 시에는 아동별 호명 횟수가 동일하도록 한다.

⑨ 학년에 따라 관심과 능력의 차이가 크므로 그룹진행 시에는 특정한 목적 이외에는 한 그룹에 나이 차가 많이 나지 않도록 하며, 보조치료사가 필요할 시 아동에게 혼란을 줄 수 있으므로 치료사와 보조치료사의 역할을 명확하게 하고 보조치료사의 인원을 적정수준으로 제한하여야 한다.


## (2) 원예치료실의 물리적 환경

원예치료실은 개인이 운영하는 원예치료실이나 복지관, 연구소, 병원, 학교 내에 단독 혹은 함께 사용되는 공간으로 이루어진 경우로 나눌 수

있다. 실내외에서의 식물 기르기를 기본으로 꽃이나 자연물 등을 응용하
거나 프로그램이 텃밭이나 숲과 같은 자연 속에서 이루어지기도 하므로
다양한 환경적인 요소들을 필요로 한다. 대상자에 따라 요구되는 환경에
도 차이가 있으므로 원예치료실이 갖추어야 할 기본적인 것과 아동을 중
심으로 하는 원예치료실이 갖추어야 할 조건들을 모두 고려해야 한다.

- 치료실은 아동들이 편안하고 안정감을 느낄 수 있도록 벽과 바닥 등
  실내 전체의 색채를 고려해야 한다.
- 작업대와 높인 화단은 대상자의 신체적인 조건에 맞추어 아동이 의
  자에 앉거나 휠체어에 앉아 편하게 작업할 수 있도록 높이를 고려하
  여야 한다.
- 가위, 모종삽 등 필요한 도구 및 재료들은 아동 수준에 맞추어 준비
  되어 있어야 한다.
- 물을 편리하게 사용할 수 있도록 세면대가 설치되어 있는 것이 좋으
  며 세면대 높이는 아동이 사용하기 편리하도록 고려되어야 한다.
- 실내공간일지라도 식물생육에 적합한 환경조건을 갖추게 되면 계절
  과 날씨와 같은 외부환경에 영향을 받지 않고 식물 기르기가 가능하
  다. 식물이 잘 자랄 수 있도록 햇빛이 들어오고 통풍이 잘 될 수 있
  도록 하며 넓은 공간이 아니더라도 벽면을 활용하거나 광이 부족할
  경우 식물전용 조명기구를 설치하면 도움이 된다.
- 휠체어를 이용하거나 거동에 어려움이 있는 장애아동을 위해 턱을
  없애고 바닥은 미끄러움을 방지할 수 있도록 하고 평면으로 하여 작
  업과 보행공간을 확보한다.


아동의 창의성 발달을 위한 긍정적 원예치료

- 작품을 전시할 수 있는 전시공간과 실내에서도 꾸준히 식물을 기를 수 있는 공간이 확보된다면 더욱 좋다.
- 정원이나 텃밭 가꾸기와 같은 실외 활동을 할 경우 그늘이나 벤치를 확보하여 야외 활동 후 아동이 휴식할 수 있는 공간을 마련하는 것이 좋다.
- 공간이 넓을수록 다양한 프로그램을 실시할 수 있으므로 치료공간의 크기는 치료인원과 활동내용 등을 고려한다.
- 식물을 치료실에 두고 기를 경우 아동이 쉽게 물을 사용하거나 그 외에 도구를 자유롭게 사용할 수 있도록 한다.
- 일반 정원 흙의 경우 세균은 물론 벌레가 발생하기 쉬우므로 원예치료 시 사용하는 배양토는 구입해서 사용하는 것이 좋다.
- 유기질 비료의 경우 실내에서 사용하게 되면 냄새가 발생하기 쉬우므로 치료실 내에서는 사용하지 않는 것이 바람직하다.


## 3) 원예치료 프로그램 형태

현재까지 우리나라에서 연구된 원예치료 관련 논문이나 학회 발표사례를 중심으로 볼 때 개인보다는 대부분 그룹 형태이다. 그러나 병원이나 치료 현장에서는 점차 개인치료 형태의 빈도가 늘어나는 추세이다. 원예치료 대상자의 치료 목적·특성·수준 및 환경 등에 따라 원예치료 프로그램의 적용 형태가 차이가 나는데, 크게 대상자의 수에 따라 개인 및 그룹 형태로 나눌 수 있으며 필요에 따라서는 개인과 그룹을 병행하는 형태의 복합적인 적용으로도 실시되고 있다. 또한 기간에 따라 3개월을 기준으로 단기치료와 장기치료로 나눌 수 있으나 대상자 및 목표에 따라 하루 또는 몇 달, 몇 년이 될 수도 있어 치료 일정을 뚜렷하게 구분하기는 어렵다.

### (1) 개인원예치료

개인으로 실시되는 개인원예치료는 대상자와 원예치료사 간의 1 : 1로 실시되는 것을 말한다. 회기와 같은 규정은 정해져 있지 않으나 대부분 주 1회로 실시되며 시간은 약 1시간 정도로 진행된다. 그러나 대상자에 따라서 더 짧거나 길게 진행되기도 한다. 개인치료는 특성상 대상자와 치료사 간의 라포 형성이 치료과정에서 매우 중요하게 작용된다. 이를 위해 무리하지 않고 성실한 태도로 다가가고 이해해 가는 과정이 필요하며 지속적인 관심과 지지를 기반으로 상호 신뢰감을 구축할 수 있다. 개인 치료에서 아동을 대상으로 실시할 경우 아동 치료뿐만 아니라 부모 상담이 함께 이루어져야 한다. '원예' 매체에 대한 대상자의 특성, 수준 및 흥미를 사전 조사하여 프로그램을 실시하는 것이 바람직하며 프로그램 초기에는 동기유발을 위한 가볍고 흥미로운 프로그램을 실시하는 것이 좋다.

### (2) 집단원예치료

집단원예치료는 다수의 대상자와 원예치료사 간에 실시되는 것을 말하며 인원은 10명 이하로 실시하는 것이 좋다. 대상자가 어리거나 특수한 경우 집단 인원을 줄이거나 프로그램을 도와줄 수 있는 보조치료사가 참


아동의 창의성 발달을 위한 긍정적 원예치료

여하게 되면 도움이 된다. 일반적으로 주 1회로 실시되며 시간은 약 1시간 30분에서 2시간 정도로 진행된다. 그러나 대상자의 특성에 따라 더욱 짧게 진행되기도 하며 치료사와 대상자와의 라포뿐만 아니라 대상자 간의 관계 형성도 중요하게 작용된다. 그러나 집단원예치료라 할지라도 대상자 각각의 문제를 안고 있으므로 개인별로도 깊은 접근이 필요하다. 아동 집단치료의 경우 연령에 따른 발달 차가 크므로 형제치료와 같은 특수한 목적이 아닌 경우 또래집단을 형성하는 것이 좋다.

개인과 집단원예치료는 각각의 장점을 지니고 있다. 집단 속에서의 상호 작용을 통해 '나'를 알아 가고, 식물을 함께 기르는 등의 공동 목표를 향해 함께 나아가며 집단의 일원으로서 각자 역할에 따른 책임을 지니는 등 다양한 프로그램 적용이 가능하다. 이러한 다각적인 접근을 통해 서로 공감과 지지로 긍정적인 관계 형성을 유도하게 되면 대인관계 개선 및 사회성 발달에 더욱 효과적이다.


### (3) 개인 & 집단치료의 병행

치료목적에 따라 개인치료와 집단치료가 병행되는 경우가 흔히 나타나는데 예를 들면 대인관계 개선이 필요하지만 집단에 대한 거부감이 있을 경우 치료 초기에는 개인치료로 시작하여 중간분석을 통해 집단으로 형태를 바꾸는 것과 같은 경우를 말한다. 특히 이미 집단이 형성된 후에 뒤늦은 합류나 집단에서의 개별적인 분리가 부정적인 요소로 작용되므로 이렇게 형태를 바꿀 경우 집단 구성원의 형성과 분리시기를 같게 하는 것이 중요하다. 만약 이사나 입원 등으로 갑작스럽게 집단 참여를 중단해야 할 경우가 발생하게 된다면 대상자뿐만 아니라 집단 구성원에게도 이유를 충분히 설명하여 이해를 돕는 것이 필요하다.


## 4) 목표설정

원예치료의 목표설정은 대상자나 치료집단의 치료적·직업적·교육적·사회적·정서적·신체적 특성 등 전반적인 것들을 모두 고려하여 설정하여야 하며, 실현 가능한 목적·목표를 설정한다. 목표설정을 위해서는 대상자에 대한 정확한 분석이 중요하다. 치료 대상자의 현재의 상태, 과거의 병력, 의학적 자료와 가족 및 또래와의 관계와 같은 전반적인 자료를 수집할 필요가 있으며 이를 위해 가족이나 대상자와의 직접적인 면담, 행동관찰과 진단검사를 실시하는 등 여러 가지 방법이 있다.

### (1) 면 담

문제의 본질에 관계하는 정보, 과거와 최근의 발달사, 현재 상태, 느낌과 지각, 문제해결을 위한 시도, 치료에 대한 기대를 찾는다. 치료사는 면담 시 주제를 미리 정하고 주제에 맞는 질문을 한다. 면담한 내용을 메모 및 녹음하여 객관적으로 정리한다.

### (2) 행동관찰

행동관찰은 가장 직접적인 평가 방법이다. 매 회기마다 대상자가 말하


아동의 창의성 발달을 위한 긍정적 원예치료

고 행동하는 태도를 관찰함으로써 대상자에 대한 정보를 더 많이 알 수 있다. 관찰은 일반적으로 치료실에 들어오는 것부터 시작한다. 치료실에 들어올 때의 표정, 치료사와의 첫 인사, 문을 어떻게 열고 닫으며, 어떻게 자리에 앉는지와 같은 대상자의 일상적인 행동에서부터 프로그램에 참여하는 동안 치료사에게 어떻게 반응하는가, 새로운 원예치료 프로그램이나 상황에 어떻게 접근하는가, 주변인(집단 구성원, 가족 또는 사회복지사 등)과는 어떻게 관계하는가에 대한 전반적인 관찰이 이루어져야 한다. 특히 생활양식의 발달은 부모나 형제, 즉 원가족과의 관계로 인해 이루어지므로 무의미한 사건일지라도 특정 사건에 대해 기억하는 것은 대상자에게 상징적인 의미를 지니고 있을 가능성이 높기 때문에 특히 어릴 적의 가족관계에 대한 설명은 현재 대상자의 행동 방법을 이해하는 중요한 정보가 된다.

## (3) 진단검사

대상자에 대한 여러 가지 정보 및 주관적인 평가와 더불어 좀 더 명확한 진단을 위해서는 다양한 검사 도구가 필요하다. 그러나 무리한 진단검사는 치료사에 대한 불신과 치료에 대한 강한 저항감을 불러일으킬 수 있으므로 검사 도구 사용에 있어 신중을 기해야 한다. 대부분의 검사는 읽고 답하는 형식으로 되어 있어서 글을 모르거나 장애가 있다거나 발달이 늦은 아동들에게 실시할 수 있는 검사 도구는 그리 많지 않다. 따라서 초기 진단검사는 아동에게 친숙한 그림으로 평가할 수 있는 집-나무-사람검사, 가족동적화와 같은 그림검사로 평가하는 것이 용이하며 필요에 따라 적절한 검사 도구를 신중히 검토하여 사용하도록 한다.


## 5) 원예치료 단계

원예치료의 단계는 일반적으로 3단계로 초기, 중기, 후기로 나눌 수 있다.

### (1) 초 기

사전진단과 면담을 통해 대상자의 목표를 설정, 이를 효과적으로 이루기 위한 접근 방법 및 치료계획서를 작성하고 이러한 계획서를 바탕으로 직접적인 치료개입을 시작하게 된다. 초기에는 대상자와 치료사 간의 관계 정립과 라포 형성에 중점을 두게 된다. 효과적인 치료를 위해서는 대상자와 치료에 대한 공동의 목표를 공유한다는 것이 중요하며 이로부터 치료가 시작된다고 볼 수 있다.

### (2) 중 기

일반적으로 중기 단계는 치료사와 대상자의 라포를 형성하여 본격적으로 원예치료 프로그램을 실시하는 시기를 말한다. 치료사는 이해와 수용을 바탕으로 대상자를 적극적으로 지지하는 것이 중요하다. 이러한 믿음으로 대상자는 주도적으로 치료과정에 대처하게 된다. 중기에는 이와 같이 대상자와 치료사의 능동적인 소통을 중심으로 치료목표를 향해 함께 나아가는 단계라고 할 수 있다. 중기는 대상자로 하여금 긍정적인 변화를


아동의 창의성 발달을 위한 긍정적 원예치료

이끌어 내는 치료과정의 핵심이라고 할 수 있다.


## (3) 후 기

치료과정의 마지막 단계로 치료 결과를 평가하는 단계라고 할 수 있다. 후기에는 설정하였던 목표를 토대로 대상자의 전반적인 평가와 데이터 분석 및 결과 보고서 작성이 이루어진다. 이러한 결과를 바탕으로 다음 회기 계획 또는 치료종결을 결정하게 되며, 치료를 이어 갈 경우 프로그램 수정보완 및 치료 목적 재수립을 결정하게 되며 치료를 마무리할 경우 최종 치료종결 시점을 결정하게 된다.

후기에 접어들게 되면 치료종결이 가까워지는 것을 대상자도 어느 정도 직감하게 되는데 치료의 종결 시간이 다가오는 것을 대상자에게 직접 알려주는 것은 매우 중요하다. 그렇게 함으로써 대상자 스스로 지금까지의 치료과정과 더불어 자신을 되돌아보고 재정립할 수 있는 시간을 가질 수 있기 때문이다.


## 6) 원예치료의 기록 및 평가

각각의 회기 및 선행단계에 대한 평가 및 일지를 작성(문서화)하는 것은 진행상황을 파악하고 점검 및 대안마련을 위해 꼭 필요하다. 기록사항에는 기본적으로 대상자명, 일시, 치료시간, 장소, 프로그램 주제, 재료, 과정 및 기타 참여자를 기록해야 한다. 그리고 매 회기마다 치료상황에 대한 대상자의 반응을 관찰하여 기록한다. 이때 프로그램에 참여하는 자세 · 태도 · 언어나 표정을 통한 감정표현, 치료사와 주변인과의 상호관계, 특징적인 변화 등을 상세히 기록 · 정리한다. 이러한 관찰과 평가결과를 토대로 지속적으로 대상자를 격려하는 것이 필요하다.


## 7) 원예치료사

원예치료사는 원예치료를 받고 있는 모든 대상자의 인격을 최대한 존중하며, 치료사로서의 인격함양과 자기개발에 힘써야 한다. 또한 원예치료사로서의 긍지와 자부심을 가지고 책임과 의무를 다하여 대상자들의 행복감 및 삶의 질을 향상하는 데 이바지하는 것을 최우선으로 한다. 또한 이를 실행하기 위해서는 무엇보다도 원예치료사로서의 전문적 관점을 갖추어야 할 것이다.

### (1) 원예치료사의 자질 및 갖추어야 할 전문적 관점

대상자의 긍정적인 발달을 모색하기 위해서는 치료사가 대상자를 대하는 긍정적인 자세가 큰 영향을 미치게 된다. 따라서 무엇이든 할 수 있다는 진취적이고 긍정적인 사고가 필요하며 이러한 치료사의 긍정적 에너지는 대상자의 동기부여를 불러일으키게 되는 최고의 치료효과로 작용되기도 한다. 이로써 대상자의 잠재된 감정을 표출시키거나 창의성을 이끌어 낼 수 있어야 한다. 그러기 위해서는 원예치료에서의 매체인 원예에 대한 기초이론과 이에 대한 전문지식이 필요하다. 또한 다양한 상담기법을 활용하고 특히 대화로서 대상자와의 감정을 소통, 교류할 수 있어야


아동의 창의성 발달을 위한 긍정적 원예치료

하며 표현방법은 '나' 전달법을 사용하고 적절한 칭찬과 격려를 하도록 한다.

대상자와 대화 초기에는 개방적인 질문을 사용하고 '왜'라는 질문은 되도록 삼가며 대상자의 말을 방해하지 않는 것이 좋다. 대상자의 이야기에 공감하고 시선을 맞추거나 밝은 표정 등 치료사의 비언어적인 태도도 매우 중요하다. 대상자에 대한 정보와 초기검사, 관찰 및 분석을 통해 치료목표를 설정하고 계획, 진행 및 평가를 실시하고 이를 기록하여야 한다. 그러기 위해서는 원예학, 원예치료학, 간호학, 심리학, 사회복지학과 같은 기본이론에 충실해야 하며 충분한 지식과 정보를 가지고 있어야 한다. 지속적인 학습활동과 사례연구를 통해 새로운 지식을 습득하여 치료의 질적 향상을 도모하여야 한다. 그 외에도 원예치료사는 인종, 성별, 종교, 국적, 배경, 장애유형에 따라 거부하거나 차별하지 않아야 하며 대상자의 특성을 인정하고 사생활을 보호해 주어야 한다(실명, 사진, 신상정보 보호). 대상자의 요구에 대해 책임을 질 수 없는 말을 해서는 안 된다. 대상자의 질문에 주관적 반응을 자제하여야 한다.


## (2) 원예치료사가 해야 할 일

① 대상자 기초 자료 조사(신체, 정신, 정서 상태 파악)
② 프로그램실에 대한 사전 조사(텃밭, 전시 공간 등)
③ 프로그램 계획 및 작성
④ 프로그램 재료 준비
⑤ 프로그램 진행

⑥ 프로그램 평가 및 분석

⑦ 프로그램 후 피드백 및 기록

⑧ 프로그램 개발

⑨ 재원확보

⑩ 보조 원예치료사의 지도


(3) 그룹 활동 시 보조 원예치료사가 해야 할 일

① 프로그램의 원활한 진행을 위해서 치료사의 지시에 따른다.

② 보조치료사는 대상자를 주의 깊게 관찰하며 필요에 따라서 촬영을
한다.

③ 대상자의 곤란한 질문 시 치료사와 의논하며 불충분한 지식으로 대
상자에게 대답하지 않는다.

④ 프로그램이 끝난 후 도구와 장비를 확인 점검한다.

⑤ 안전에 대한 주의를 기울인다.

⑥ 맡은 바 임무에 대해서 책임감을 가진다.


## 2. 긍정적 심리학


지금까지 심리학은 제2차 세계대전과 같은 전쟁으로 인해 고통을 겪는
사람들을 위해 그들의 문제를 진단하고 상담, 치료하여 일상적인 사회생


아동의 창의성 발달을 위한 긍정적 원예치료

활이 가능하도록 하기 위하여 많은 노력을 기울여 왔다. 즉 이러한 불안한 시대를 겪으면서 심리학은 인간의 질병이나 고민, 걱정과 같은 부정적인 문제를 바로잡는 것을 중심으로 대부분이 질병 지향적, 의학 지향적이었다고 할 수 있다. 그러나 20세기 후반에 들어오면서 긍정적 심리학(Positive psychology)을 통하여 인간의 동기와 정서의 긍정적인 측면을 연구하기 시작하였다. 긍정적 심리학의 고전적 배경은 고대 그리스 철학자 Aristoteles(B.C. 384~32)의 철학에서 찾을 수 있으며, 그 이론은 인본주의 심리학의 이론을 보완하고 발전시킨 것이라 할 수 있다. 2000년 Martin Seligman과 Mihaly Csikszentmihalyi의 주축으로 긍정적 심리학 운동이 전개되기 시작하여 미국심리학회와 영국심리학회에서 긍정적 심리학 특집호를 발간하였다. 2006년에는 전문학술지가 출간되었다. 긍정적 심리학은 심리학을 기초로 생물학적, 신경과학적 지식과 더불어 인상심리학, 인본주의 심리학, 정치학, 경제학, 사회학, 인류학과 같은 인접과학과 지식을 포함하여 인간이 해낼 수 있는 최선의 기능에 대한 연구, 즉 인간이 가지는 행복, 희망, 창의성, 기쁨, 책임감과 같은 긍정적인 특징을 발견하고 계발하는 것을 목적으로 연구되고 있다. 이를 위해 이미 긍정적 심리학 연구센터가 설립되고 많은 과학자들에 의해 연구 및 운영되고 있다. 또한 미국과 유럽의 학부 과정과 대학원 과정에서 긍정적 심리학 교육이 이루어지고 있으며, 영국에서는 정부 차원에서 이미 국민의 행복문제가 논의되고 있고 웰빙 향상을 위한 기관이 활발한 활동을 시작하였다(이현수, 2008). 이와 같이 긍정적 심리학은 궁극적으로는 개인과 사회 모두가 번성하고 번영할 수 있게 해 주는 요인들을 발견하고 증진시키는 것을 말하며 인간경험의 중요성을 세 가지 영역으로 나누면 다음과 같다.

## 1) 긍정적 정서

정서의 사전적 의미는 정서를 지칭하는 'emotion'과 '움직이다(to move)'
와 '휘젓다(to stir up)'를 의미하는 라틴어에서 유래한 것으로, 사람의 마
음에 일어나는 여러 가지 감정 또는 감정을 불러일으키는 기분이나 분위
기라고 정의된다. 그러나 많은 연구에도 불구하고 최근까지도 정서에 대한
명확한 개념화가 어려운 이유 가운데 하나는 정서가 주관적, 생물학적, 기
능적, 사회적인 다차원적인 구성요인을 가지고 있기 때문이다(정옥분 외,
2007). Diener, Suh, Lucas와 Smith(1999)에 의하면 긍정적 정서를 더 자주
경험하고 표현하는 사람은 삶에 만족할 가능성이 높고 더 많은 대인관계
의 보상을 얻으며 다른 사람들에게 도움이 될 뿐만 아니라 인생에서 바라
는 목표들에 도달할 가능성이 높다고 하였다. 또한 긍정적 정서에는 주의
와 인지기능을 확대시켜 유연하고 창의적으로 사고를 할 수 있는 기능이
있는데, 이것이 개인의 지속적인 극복기능으로 작용한다(Aspinwall, 2001).

## 2) 긍정적 대인관계

대인관계란 집단생활 속의 구성원 상호 간의 심리적 관계를 말한다. 아
동의 경우는 가정에서는 부모와의 관계, 학교에서는 또래와의 관계로 크
게 나눌 수 있다. 부모와의 애착형성과 또래그룹과의 소속감은 아동의 정
서적·사회적 발달에 영향을 미치게 되며, 부모와 또래와의 대인관계 형
성에 어려움을 겪을 시 소외감, 고독감, 스트레스나 고립감을 느끼게 된


아동의 창의성 발달을 위한 긍정적 원예치료

다. 이러한 주변인과의 사회적 지지가 흔들릴 경우 건강에 부정적 영향을
주는 것으로 보고하고 있다(Cohen & Wills, 1983). 따라서 부모와 또래와
의 친밀하고 긍정적인 대인관계 형성은 개인의 삶에 대한 만족감 향상에
중요하며, 이러한 밀접한 대인관계에는 아동의 자아에 대한 이해능력을
증진시킬 뿐만 아니라 스트레스와 고독감과 같은 부정적인 상황에 직면
했을 때 그것을 극복할 수 있는 원동력으로 작용하게 된다. 따라서 아동
이 주변인과의 긍정적인 대인관계 형성을 위한 사회적 지지가 필요하다.


## 3) 창의성

1950년 미국 심리학회에서 Guilford에 의해 창의성의 중요성을 연설한
것을 계기로 본격적인 창의성 연구가 시작되었다. 그는 창의성이란 새롭
고 신기한 것을 낳는 힘이라고 정의하였다. Rogers는 인간은 타고난 창조
에의 충동을 가지고 있고 가장 중요한 창조를 자아로 보며 자아가 충분
히 기능하여 자아실현을 이루려 하는 자를 창의적인 사람이라 하였다. 우
리나라는 학교교육에서 아동들에게 능동적이며 긍정적이고 행복한 삶을
살아가도록 하는 것을 목표로 교육기본법 제9조의 ③에 "학교교육은 학
생의 창의력 계발 및 인성(人性) 함양을 포함한 전인적(全人的) 교육을
중시하며 이루어져야 한다."고 규정하고 있다. 창의성을 촉진하기 위해서
는 첫째, 학생의 의견을 존중하고, 자신을 표현하도록 격려한다. 둘째, 생
각과 공상을 할 수 있도록 시간의 여유를 준다. 셋째, 학생 스스로가 많
은 결정을 내리도록 한다. 넷째, 학생과 함께 많은 대화를 한다. 다섯째,

사물에 대한 의문을 갖도록 격려하여 학생들의 호기심을 자극한다. 마지막으로 교사로부터 인정받도록 학생을 격려하고 확신시키도록 제시하고 있다(인천광역시교육과학연구원, 1996).

창의성을 분류하면 크게 유창성·독창성·정교성으로 나눌 수 있으며, 이때 유창성은 지각한 문제에 대하여 많은 양의 해결안을 산출해 내는 능력이다. 창의적 사고의 궁극적 목적이 질적으로 우수한 사고를 산출하는 데 있더라도 사고의 과정에서 우선은 아이디어를 가능한한 많이 산출해야 한다. 초기의 아이디어가 최선의 아이디어인 경우는 드물며, 보다 많은 아이디어를 산출하고자 하는 과정에서 보다 질 좋은 아이디어를 얻게 될 가능성은 그만큼 커질 것이기 때문이다. 이렇게 볼 때 유창성은 창의적 사고의 과정에서 비교적 초기 단계에 요구되는 기능이다. 독창성은 자극에 대하여 매우 희귀하고 참신한 아이디어를 산출하는 능력이다. 창의적 사고의 이상적인 목표인 독창성은 자기만의 독특한 아이디어, 즉 다른 사람과 같지 않은 생각을 떠올리는 것을 말한다. 직관적으로 생성되어 다듬어져 있지 못한 거친 상태의 아이디어이지만 흔하지 않은 것이다. 정교성은 기존의 아이디어를 세분화하거나 문제에 포함된 의미를 구체적으로 파악하는 능력이다. 이미 산출된 거친 아이디어를 재료로 해서 세밀하게 다듬는 사고가 필요하다. 아이디어를 실제적 상황에 맞게 발전시키는 것이다.

창의성 계발에는 주의 집중과 직관의 중시, 언어적인 프로그램에 협력하는 비언어적인 프로그램과 동기부여가 중요하게 작용하게 된다. 주의집중력(Attention concentration)이란 관련 자극에 선택적으로 집중시키는 과정이나 내적 및 외적 자극에 의식을 집중하는 능력을 말한다. 주의력 결핍아동의 경우 주변으로부터 오해되거나 무질서하고 충동적인 아이로 평


아동의 창의성 발달을 위한 긍정적 원예치료

가되어 열등감, 과도한 정서변화, 분노, 적개심과 같은 심리적인 문제의 원인이 된다. 특히 주의력 결핍은 저절로 사라지지 않고 성인이 되면서 다른 병으로 전이되거나 위장되며(Cantwell, 1996), 자기 행동구성 및 조직 능력 결여를 초래하여 아동의 대인관계, 창조적, 융통성, 순발력, 자발성과 같은 발달을 저해하게 된다. 따라서 주의집중력 향상은 아동의 학습 능력뿐만 아니라 정서발달, 대인관계 및 창의성 발달에도 깊은 상관관계를 보인다. 창의성과 정서지능의 관계를 보면 창의적인 사람들은 자신들의 감정을 억제하지 않는다고 하였다(Mackinnon, 1965). Salovey와 Mayer(1990)는 정서지능(Emotional Intelligence)이란 자기 자신과 타인의 감정, 정서를 평가하고 그것들을 변별하며, 정보로 활용하여 자신의 사고와 행동을 이끌 수 있는 능력이라고 하였다. 특히 정서지능의 영역을 보면 정서의 평가와 표현, 정서의 조절, 정서의 활용으로 크게 나뉘며, 정서의 평가와 표현, 조절은 자신과 타인으로 크게 나뉘며, 정서의 활용은 융통성 있는 계획, 창의적 사고, 주의집중이 재조정, 동기화로 다시 나뉜다.

이와 같이 창의성은 다양한 요소들과 상호작용하고 있어 명확하게 규정하기에는 매우 어려운 특성이라 할 수 있으며 Simonton(2000)은 창의성의 특성으로 문제 해결에 기여하는 새로운 반응들을 생성하는 과정과 같다고 하였다. Csikszentmihalyi(1975)는 창조적 과정이 이례적으로 잘되어 갈 때 어떠한가에 대한 감을 얻고자 현대 음악의 작곡가들을 인터뷰하였고 이 기술 내용들을 모아 묘사된 경험들에 대한 현상적 분석을 실시하였다. 즉 그는 대부분의 묘사에서 나타난 공통된 제재들을 알고자, 경험들에 관한 구두 자료와 서술 내용들을 분석하였다. 이 공통된 제재들은 상당수 알아볼 만한 의식 상태를 묘사하고 있었으며 그러한 경험을 '자기

목적적인 경험(autotelic experience)'이라 지칭하고 그 후에 몰입(Flow)으로
재규정하였다(서은국 외, 2007). 몰입이란 사람들이 어떤 일에 완전히 몰
두할 때 갖는 심신일치의 느낌 또는 자동적으로 통제되는 것을 말하며
최적의 몰입은 기술(활동역량)과 도전(활동기회)이 높을수록 몰입도가 높
아지며 이는 곧 창의성이 높아지는 것을 의미한다. 즉 최적의 몰입상태는
창의성 발달을 말하며 이러한 경로로 인해 안녕감 증진으로 이어진다고
하였다(Csikszentmihalyi, 1990).


아동의 창의성 발달을 위한 긍정적 원예치료

# II 긍정적 원예치료

긍정적 원예치료는 인간의 긍정적 측면을 자극, 계발하여 삶의 질을 향상시키고자 하는 긍정적 심리학(Positive psychology)과 '원예치료(Horticultural therapy)'의 합성어로 '긍정적 심리학'을 적용한 원예치료를 말한다.

이는 아동이 가지고 있는 부정적인 면을 수정하는 것에 집중하기보다는 아동은 물론 집단 및 사회의 번영에 도움이 될 가능성이 있는 요인을 발견하여 그것을 향상시키고 발전시키고자 하는 긍정적 심리학적 접근을 말한다. 즉 아동 개인의 만족감, 웃음, 행복과 같은 주관적 경험을 높이고 아동을 둘러싼 가족과 또래와의 긍정적인 관계 형성으로 인한 상호작용을 중요시하며 또한 아동의 긍정적 특성과 장기간 혹은 평생을 두고 개인의 행동특성을 지배하는 특성 계발에 역점을 두는 것이다(이현수, 2008). 그러므로 아동을 위한 긍정적 원예치료는 단순히 눈에 보이는 아동의 부정적인 정서 및 문제행동을 개선하는 것에 그치는 것이 아니라 아동의 긍정적인 정서, 대인관계, 창의적 능력을 향상시켜 아동의 건강과 삶의 질 향상을 궁극적인 목표로 한다. 특히 인간은 안녕 추구와 삶의 질을 향상시키기 위해 긍정적이며 자기 통합적인 힘을 말하는 창의성을 도구로 활용하므로, 결국 최상의 건강한 상태라고 하는 것은 지속적인 창의성 발달과 연관된다고 할 수 있다. 따라서 긍정적 원예치료(Positive horticultural therapy)는 질병이나 의학 지향적 사고에서 벗어나 인간이 가지는 긍정적 정서와 가족 및 또래와의 대인관계 기술, 창의성과 같은 긍정적인 능력을 증진하는 것을 목표로 첫째, 원예매체를 이용한 최적의 경험을 통하여 긍정적 정서를 반복적으로 경험할 수 있도록 하며 둘째, 또래 및 가족과의 의사소통을 증진할 수 있도록 유도하여 대인관계 향상을 도모할 수 있도록 한다. 그리고 궁극적으로 원예매체를 이용한 창작활동을 통해 자발적인 몰입을 유도하여 최상의 건강한 상태를 의미하는 창의성 발달이 이루어지도록 치료 교육적 모형을 적용한다(<그림 1>).

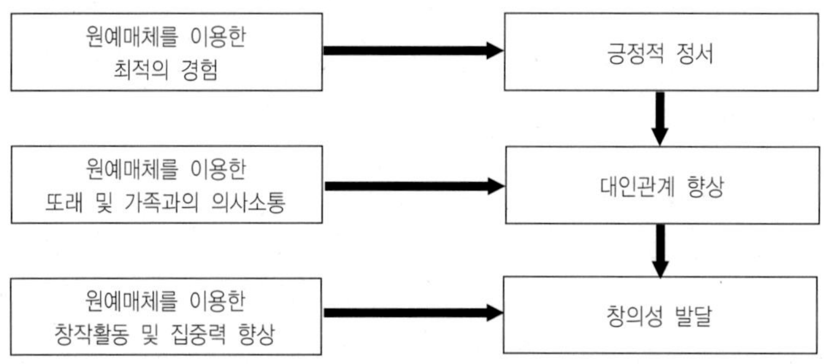


〈그림 1〉 긍정적 심리학적 원예치료 접근 모형

# 1. 정 서

일상생활 속에서 인간은 많은 정서경험을 하게 된다. 따라서 인간의 발달에 정서의 영향이 매우 크다고 할 수 있으나 다차원적인 요인에 의해 영향을 받으므로 정서의 본질에 대해서는 명확하게 규정하기가 어렵다. 정서의 기능적인 특성은 개인의 행동을 주도하고, 목표달성을 위해 정보를 제공하며, 상대방의 정서 상태를 파악하게 함으로써 원활한 대인관계를 유지하게 하는 중요한 수단이다(양연숙, 2000). 정서발달은 아동기에 가장 중요한 발달과업으로 자신의 성격, 자신과 타인의 이해와 소통, 사회성 전반에 영향을 미친다. Eisenberg 등(1997)의 연구에 의하면 긍정적인 정서표현이 많은 아동은 대인관계가 좋으며 사회적 위험성에 덜 노출되는 반면, 부정적인 정서표현이 많은 아동은 또래 수용 정도가 낮은 것으로 나타났다. 그러므로 아동의 정서조절 능력을 강화하여 부정적인 정서는 완화시키고 긍정적인 정서는 향상시킬 필요가 있다. 정서의 기본적 기능은 '적응'을 돕는 것으로 아동은 부모, 또래와 같은 주변인들과의 상호 작용을 통해 정서를 표현하고 이해하며 통제하는 법을 배운다. 현대는 도시화, 산업화로 인해 사회가 급변하면서 가족해체와 더불어 아동문제가 심화되고 있다. 특히 ADHD(주의력 결핍 과잉행동장애)와 정서불안으로 인해 점차 학교부적응 아동이 증가되고 있다. 이러한 문제는 주의력 결핍, 과잉행동, 충동성, 불안, 자기통제와 관련되며 이로 인해 아동은 늘 주변으로부터 언어나 행동에 대한 규제나 훈계를 반복적으로 받게 된다. 이와 같은 아동의 부적응은 아동 개인의 정서 및 심리발달에 부정적인 영향을 가져오는 등 매우 심각한 문제로 대두되고 있다. 따라서 일시적인 규제보다는 근본적인 치료교육이 이루어져야 할 것이다.

원예치료는 생명을 지닌 식물을 매개로 오감을 통한 체험활동이 가능하므로 아동의 정서적인 효과를 이끌어 낼 수 있다고 한다(김홍열, 2003).

자연친화적인 원예환경은 기분장애와 불안장애를 가진 대상자의 기분을 전환시키고 안정감과 평화로움을 느끼게 하여 심리적인 회복을 돕는다. 또한 자르거나 두드리는 다양한 활동을 통하여 에너지를 긍정적인 방법으로 표출할 수 있는 장점이 있다. 즉 부정적인 행동을 규제하기보다는 잠재되어 있는 에너지를 표출하거나 스스로 감정을 조절할 수 있는 능력을 기를 수 있도록 하며 원예치료 과정에서 심리적인 지지와 칭찬을 통하여 긍정적인 정서를 반복적으로 경험할 수 있도록 한다(<그림 2>).

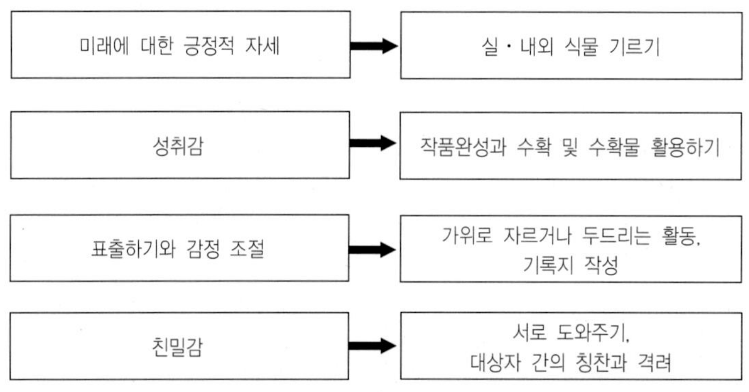


〈그림 2〉 긍정적 정서 발달을 위한 긍정적 원예치료 프로그램 설계도

특히 원예치료는 생명을 지니고 있는 식물을 기본으로 원예를 매개로 할 수 있는 모든 프로그램을 포괄하는 것으로 각각의 소재에 따라서 독특한 특성을 지니고 있다. 이러한 소재의 특성을 활용하여 연구 대상, 목적 및 실내·외의 실정에 따라 이를 변화, 응용하여 적용이 가능하다. 아동을 대상으로 하는 실외 프로그램으로는 식물 기르기가 대표적이라 할 수 있다. 상추, 고추, 토마토와 같은 채소 기르기는 식물의 전체 생장과정을 비

교적 짧은 기간에 볼 수 있으며 기르는 동안의 노력과 기다림에 대한 보상으로 잎과 열매 등의 눈에 보이는 결과물이 주어진다. 따라서 수확물로 인한 성취감뿐만 아니라 성공적인 경험을 통하여 긍정적인 경험을 축적하게 된다. 또한 수확하기까지 함께 물을 주거나 지주를 세우며 비료를 주는 등의 식물 기르는 과정을 서로 도우며 함께하고, 그 결과물을 이용하여 함께 나누어 먹으며 서로간의 친밀도를 높일 수 있다. 정원에서 꾸준히 식물을 관리하고 돌보는 과정을 통해 책임감을 기를 수 있을 뿐만 아니라 산과 숲 속에서 직접적인 자연과의 접촉을 통해 오감을 자극하고 자연과 교감할 수 있는 계기를 마련할 수 있다. 실내 프로그램은 꽃과 식물을 이용하거나 응용할 수 있는 다양한 프로그램이 가능하며 실내에서도 실내 식물을 이용하여 자신만의 정원을 만들거나 토피어리와 같은 애완식물을 만들어서 기르는 등의 식물 기르기 프로그램도 가능하다. 또한 자신의 꿈을 생각하는 시간을 가지며 수년 뒤 자신이 받고 싶은 상을 떠올리며 그 희망을 담아 꽃다발을 만드는 프로그램을 통하여 미래에 대한 긍정적인 생각과 태도를 가질 수 있도록 하였다. 또한 매 회기마다 작품을 완성하도록 하여 성취감을 반복적으로 느낄 수 있도록 한다. 칭찬하는 꽃다발을 통하여 다른 대상자의 장점을 떠올리며 직접적인 칭찬을 하도록 하거나 작품에 대한 자신의 느낌이나 장점을 이야기하는 과정을 통하여 대상자 간의 친밀도를 향상시킬 수 있도록 하는 등 긍정적인 상호작용을 통해 자신의 생각을 표현하고 이해하며 통제하는 법을 배운다.

## 2. 대인관계

아동기의 발달이론에 의하면 아동 성격 및 사회성 발달에 부모와 또래와의 관계가 중요한 영향을 미치는 것으로 보고되고 있다. 부모와의 안정된 관계가 대인관계에 대한 긍정적 경험을 제공함으로써 아동 자신에 대한 긍정적인 관점을 갖게 되고 또래로부터 긍정적인 반응을 이끌어 낸다고 한다(이경숙 외, 2000). 그러나 복잡해진 사회 환경으로 인해 아동들이 겪게 되는 스트레스 증가는 아동의 심리적 안녕감을 저해하고 있다. 우희정(1997)에 의하면 아동은 부모 관련, 학업 관련, 형제 관련, 가정환경 요인 등의 생활사건에 의해 스트레스를 받게 되며 특히 부모의 학업에 대한 관심부족 또는 과잉기대, 가족들의 나쁜 평판, 동생보다 우수해야 한다는 생각 등과 같이 부모 및 가족구성원에 의한 스트레스를 느끼는 것으로 보고하고 있다. 그러나 Petersen(1991) 등은 높은 수준의 스트레스일지라도 부모로부터의 충분한 지지를 받을 경우 아동의 적응적인 대처행동을 증진시킬 뿐만 아니라 부모와의 대화와 좋은 관계 형성은 아동의 자아존중감 향상과 긍정적인 정서를 갖도록 한다고 보고하였다(위영희, 2000). 또한 학령기인 아동의 경우 가정에서의 부모관계뿐만 아니라 또래와의 상호작용을 통해 양보와 협동을 배우며 또래집단의 한 일원으로서의 적응력을 키우게 된다. 또래관계는 타인과의 독특한 애착관계로 사회적 관계 속에서 평생을 살아가는 인간에게는 일생을 살아가면서 겪게 되는 대인관계 형성에 중요한 영향을 주게 된다. 이와 같이 부모자녀관계 및 또래관계에 어려움을 겪는 아동의 정서적, 사회적 적응은 물론 앞으로


아동의 창의성 발달을 위한 긍정적 원예치료

의 건강하고 행복한 삶을 위하여 긍정적 대인관계 형성을 위한 사회적 지지가 필요하다. 원예치료는 쉽게 혼자서 할 수 있는 것도 있지만 동일한 목적을 향해서 여러 명이 함께하지 않으면 안 되는 것이 있다. 그럴 경우 각자 자기가 맡은 역할이 무엇인가를 배우게 되며 생산된 채소, 과일 등이나 자기가 만든 작품을 다른 사람에게 주는 경험도 갖게 되어 대인관계가 향상됨은 물론 자기의 존재가치를 일깨워 주게 된다(손기철 외, 2006). 이러한 원예치료의 특성이 부각되면서 세대 간의 화합을 위한 원예 프로그램, 지역공동체의 활성화를 위한 정원 프로그램(최영애 외, 2006)과 다문화 원예프로그램(김형득, 2008)뿐만 아니라 가족치료와 지역사회의 공동체 화합 등 대인관계 향상을 위하여 원예치료 프로그램이 다각도로 적용되고 있다.


## 1) 부모자녀관계


가족은 사회의 가장 기본이라 할 수 있다. 아동이 태어나서 처음으로 관계를 맺게 되는 부모와의 상호작용은 아동 성장과 발달에 중요한 영향을 미치게 된다. 특히 부모와의 긍정적인 상호작용은 아동의 행복과 안녕감의 바탕이 되는 것으로 부모와의 안정적인 관계 형성이 매우 중요하다 할 수 있다. 원예치료를 통하여 부모와의 긍정적인 의사소통을 촉진하고 아동이 지속적으로 부모와 감정을 주고받음으로써 정서적인 지지를 받을 수 있다. 부모자녀관계 증진을 위한 긍정적 원예치료 프로그램은 가족 구성원을 의인화하여 작품을 만들고 각각의 장점을 생각해 보는 시간을 통하여 가족의 소중함을 느낄 수 있도록 한다. 결과물을 가족에게 선물하거나 함께 공유할 수 있도록 하여 가족과의 의사소통 기회의 증대를 가져올 수 있으며 '사랑해'와 같은 긍정적인 표현을 하기 위해 구체적인 일정표를 만들어 실행하도록 하거나 편지로 가족에게 마음을 표현할 수 있는 계기를 마련한다. 즉 모든 프로그램을 가족원들과 나눌 수 있도록 하여 상호작용을 촉진하고 지속적인 정서교류를 통해 긍정적 대인관계 형성을 유도하며 긍정적 부모자녀관계 형성을 돕는다(<그림 3>).

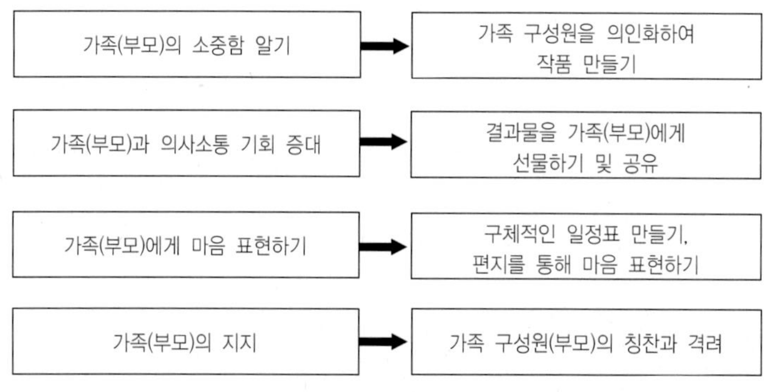


〈그림 3〉 긍정적인 부모자녀관계 형성을 위한 긍정적 원예치료 프로그램 설계도

## 2) 또래관계

학령기에는 가정뿐만 아니라 학교를 통해 사회화의 폭을 넓히며 또래와의 대인관계를 형성하게 된다. 즉 초등학교를 입학하면서 또래집단 속에서 작은 사회를 경험하게 되는데 이전까지는 가정을 중심으로 생활하다가 다양한 구성원들이 모인 학교라는 다른 사회집단의 일원으로 속하


아동의 창의성 발달을 위한 긍정적 원예치료

게 되는 것이다. 그러므로 학령기에는 가정에서 더욱 확대되어 학교에서 또래와의 의사소통을 통해 사회화를 배우며 유대관계를 형성하게 된다. 이러한 또래집단과의 긍정적인 대인관계는 효과적인 사회참여와 사회 구성원으로서 요구되는 사회적 행동의 습득을 위한 중요한 발달 과제라 할 수 있다. Parker와 Asher(1987)는 부정적인 또래관계는 정서발달을 저해하며, 또래와의 적응에 어려움을 겪는 아동일수록 높은 고독감을 나타낸다고 한다(Asher & Wheeler, 1985). 이와 같은 심리적 특성은 아동의 행동, 학업 그리고 신체적 건강 등의 문제를 일으키게 되며 아동의 경우 또래와의 의사소통에서 부정적인 교우관계를 맺게 되거나 아동이 사회적으로 수용되지 못하기 때문에 자신과 사회에 대한 부정적인 생각을 갖게 될 뿐만 아니라 사회적 고립을 느끼게 된다(이현정, 1995). 따라서 원예치료 프로그램은 또래와의 긍정적인 의사소통의 기회 증대를 위해 프로그램 시 서로 도와주거나 결과물을 함께 나누어 먹거나 또래와의 긍정적인 대인관계 형성을 위해 그룹별 식물 기르기, 과제 함께 풀기를 통하여 공동의 목표를 설정하여 함께할 수 있도록 한다. 또한 매 프로그램마다 대상자 간 칭찬과 격려를 통하여 또래와의 지지를 느낄 수 있도록 설계하여 긍정적인 또래관계를 촉진하도록 유도한다(<그림 4>).

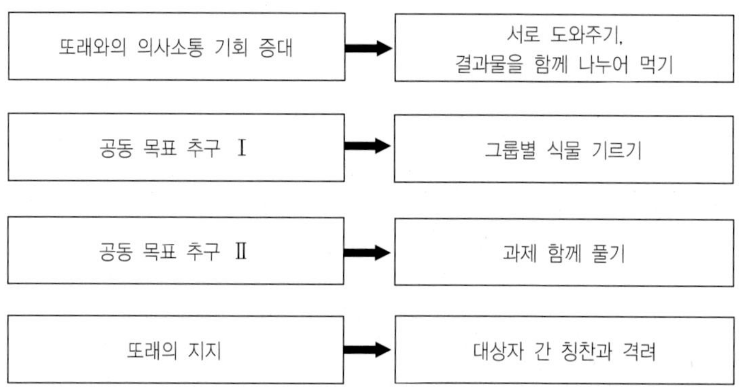


〈그림 4〉 긍정적인 또래관계 형성을 위한 긍정적 원예치료 프로그램 설계

# 3. 주의집중력 및 창의성 향상

Torrance(2005)는 일상생활의 스트레스와 위기를 극복하는 가장 중요한 무기가 창의성이라고 하였다. 또한 매슬로우(A. H. Maslow), 로저스(C. Rogers), 골드스타인(L., S. Goldstein)은 창의성이 단순히 인간적이고 자연적인 것이 아니라 정신 건강이라고 하였다(윤길근·강진영, 2004). 즉 창의적 사고는 가장 높은 수준의 정서적 건강을 나타낸다고 할 수 있다. 그러므로 심리적으로 건강하고 자아를 실현하는 사람에게 긍정적 능력이라 할 수 있는 창의성은 필수라고 할 수 있다. 창의성 발달에 가장 중요한 시기는 유아 및 아동기로 아동의 창의성을 억누르면 궁극적으로 긴장과 장애를 일으키게 되는 등 아동의 인격 완성에 영향을 미치는 것으로 나타났다(Patrick, 1955). 따라서 아동의 창의성 발달은 교육뿐만 아니라 아

동의 인성 및 정서 안정을 위한 치료적 의의를 포함하고 있다.

창의성은 가정, 학교, 사회에 대한 조건의 만족과 같은 환경적 요인 (Hurlock, 1981)과 개인의 지적능력뿐만 아니라 정서, 성격, 욕구나 동기 등 여러 가지 요인에 의한 복합적인 과정으로 인해 발달된다. 창의성은 문제해결에 있어 자기 목적성을 가지고 자발적으로 주의집중할 수 있어야 하며, 이때 자신의 내적 갈등이나 대인간 갈등을 해결하기 위하여 중요한 정보에 우선적으로 주의집중하는 능력을 포함하는 정서지능과 상호작용한다. 그러므로 아동의 창의성 발달은 단순히 지능이 아닌 개인의 정서, 대인관계, 능력 등의 다양한 요인에 의해 이루어진다고 할 수 있다.

창의성은 주의집중 및 정서지능과 상호작용하며 최상의 긍정적인 능력을 말하는 것으로 창의성 발달은 스스로의 동기부여로 인한 집중적인 창의성 활동이 동반되어야 가능하다. 그러므로 아동의 자발성 향상을 위해 프로그램 소재를 직접 선택하여 자신의 느낌을 담아 새로운 작품을 창작할 수 있도록 유도한다. 따라서 궁극적인 창의성 발달을 위해 매 프로그램마다 다음의 단계에 따라 실행한다. 첫째, 매회 압화, 생화, 아로마 등의 주요 소재와 응용 가능한 다양한 부소재를 준비하고 마음에 드는 소재를 직접 선택하도록 하여 동기부여와 프로그램에 대한 흥미도를 고취시킨다. 둘째, 소재가 주는 촉감, 색상, 모양, 크기, 향기 등이 주는 느낌을 자유롭게 이야기한다. 셋째, 자신이 선택한 소재가 주는 느낌에 자신의 감성을 담아 창작물을 계획한다. 넷째, 적극적인 몰입을 통하여 자신만의 개성을 담은 독창적인 창작물을 완성한다. 다섯째, 창작물에 대한 주제와 작품 의도를 언어 또는 그림으로 상세히 기록한다. 마지막으로 각각의 선택한 자신의 소재와 창작물에 대한 이야기 나누기를 통하여 서로의 느낌을 공유할 수 있도록 하여 정서지능 향상을 도모할 수 있도록 한다. 특히 창의성 및 주의집중력 향상을 위하여 프로그램 소재에 있어 기존의 형태를 해체한 상태에서 생화나 압화를 이용하거나 후각자극이 가능한 향을 접목한 소재를 중심으로 사용하였다(<그림 5>).

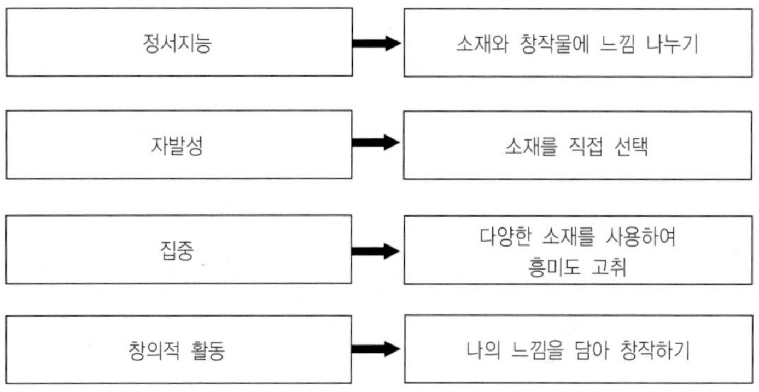



〈그림 5〉 아동의 주의집중력 및 창의성 향상을 위한 긍정적 원예치료 프로그램 설계모형

# Ⅲ 긍정적 심리학을 적용한 원예치료 프로그램의 실제

원예치료 프로그램은 각각의 프로그램에 따라 치료효과가 명확하게 구분되어 있다기보다 전인적인 치료로서 하나의 치료목표를 중심으로 다각적인 상승효과를 가져오는 것이라 말할 수 있다. 따라서 원예치료를 적용하기 위해서는 프로그램에 대한 이해가 가장 우선시된다. 또한 원예치료는 사람을 대상으로 하는 것인 만큼 원예활동과는 뚜렷하게 구분되어야 한다. 올바른 원예치료를 실시하기 위해서는 프로그램뿐만 아니라 목표에 따른 상담기법이 함께 적용되어야 할 것이다.

긍정적 심리학을 적용한 원예치료 프로그램 실제에서는 치료현장에서 직접 실시했던 프로그램 중 일부분을 일지 중심으로 정리 하였고, 대상자의 연령과 장소, 개인 또는 집단으로 프로그램 형태를 구분하여 나타내지 않았으며 하나 또는 몇 개의 프로그램 사례를 엮거나 시간적인 순서에 따라 일부분을 나타내기도 하였다.

# 1. 아동의 정서 안정을 위한 원예치료 프로그램

◉ **프로그램: 식물 기르기(식물 파종 및 모종 심기)**

**치료목적:** 생명에 대한 기대감, 책임감 그리고 자신감 향상을 통해 미
래에 대한 긍정적 정서 형성

**활동재료**

- 주요 소재: 씨앗 & 식물(채소 모종)
- 부소재: 파종상, 모종삽, 배양토, 용기, 그물망, 하이드로볼, 라벨, 네
  임팬, 가위, 필기도구 등

**활동시간:** 1시간 30분

**활동방법**

- 다양한 씨앗을 관찰한다.
- 배양토 만들기
- 파종상에 배양토를 채운다.
- 파종상 중간에 씨앗의 3배 정도의 높이를 파고 씨앗 2개씩 넣고 복
  토한다.
- 라벨에 식물 이름, 만든 날짜, 만든 사람의 이름 등을 적고 꽂는다.
- 물을 주고 관리방법을 설명한다.

## 유의점

- 파종상이 없을 경우 다양한 패 상자, 화분 등을 이용해도 좋다.
- 씨앗의 수를 일정하게 넣도록 하여 몰입도를 높인다.
- 책임감을 느낄 수 있도록 라벨을 꽂거나 설명표를 붙인다.
- 화단에 정식 시 직접 삽목하여 뿌리를 내린 허브를 사용하면 더욱 좋다.

## 내 용

치료사: 이것은 파종상이라고 합니다. 파종상은 식물이 싹을 틔우고 어느 정도 클 때까지 키우기 좋도록 되어 있어요. 그리고 구역이 나누어져 있어 뿌리가 내린 뒤 식물을 옮겨 심을 때도 편리하답니다.

치료사: 흙을 채운 후에 손이나 나무젓가락으로 파종상 중앙을 씨앗의 약 3배 높이 정도로 판 다음 씨앗을 2개씩 넣어 주고 흙으로 살짝 덮어 주도록 합니다.

치료사: 물을 줄 때는 흙 속의 씨앗이 밖으로 나오지 않도록 분무기로 천천히 주도록 합니다.

치료사: 라벨 앞쪽에는 식물 이름과 만든 날짜를 적고 뒷면에는 만든 사람의 이름을 적도록 합니다. 그럼 자신의 것이 어느 것인지 구분하기가 쉬울 뿐만 아니라 책임감도 느낄 수 있어요.

치료사: 과정을 일지에 적고 씨앗이 잘 자라도록 응원의 글을 써 보도록 합니다.

아  동: 싹이 날 때까지 얼마나 걸려요?

아  동: 물을 어떻게 주나요?

아  동: 씨앗이 이렇게 작은데 어떻게 식물이 나오나요?

아  동: 빨리 이만큼 크게 자랐으면 좋겠어요.

아  동: 제가 매일 물 주며 돌볼 거예요.

아  동: 제 이름이 있으니까 제가 물을 줘야 되지요?

아  동: 동생처럼 생각하고 돌봐 줄 거예요.

치료사: 싹이 올라와서 기분이 어떤지 일지에 적어 보고 발표해 보도록
해요.

아  동: 내가 준 물을 먹고 힘내서 으샤으샤 흙을 힘껏 밀고 싹이 나왔
다. 캄캄한 흙 속에서는 혼자였지만 내가 아빠가 되어 줄게. 쑥
쑥 자라서 내 키만큼 자랐으면 좋겠다.

치료사: 작은 씨앗에서 싹이 돋아난 것을 보니 작지만 이렇게 싹을 틔우
기 위해 노력한 씨앗의 생명력에 감탄이 절로 나는군요. 그리고
싹을 틔울 수 있도록 물을 주며 정성스레 돌보고 지켜봐 준 여
러분도 칭찬하고 싶어요. 처음보다 지금 더 의젓해진 것 같아요.

파종상을 이용한 종자파종

삽목 후 뿌리 내린 모종 정식

모종 정식

잡초 뽑기 & 비료 주기



Ⅲ. 긍정적 심리학을 적용한 원예치료 프로그램의 실제

**덧붙이기**: 식물을 돌보며 직접 길러 보는 것을 통해 늘 보살핌을 받아야 하는 입장에서 자신도 보살피는 이의 입장을 경험하게 된다. 식물을 잘 기르기 위해서는 그 식물에 대해 알아야 할 뿐만 아니라 꾸준한 관심과 노력이 있어야만 가능하다. 이와 같은 이치는 사람과의 관계에서도 마찬가지라 할 수 있다. 식물 기르기 프로그램을 이야기할 때마다 식물을 '양육'한다는 말을 많이 쓰게 되는 것도 어휘적으로는 어울리지 않지만 이와 같은 깊은 의미가 들어 있기 때문이다. 하늘 아래 그 어떤 생명도 소중하지 않은 것이 없다고 하지만 우리는 때때로 잊게 된다. 그러나 식물이 자라는 과정을 보면서 생명에 대해 신비롭고도 경이로운 느낌을 가지게 되며 튼튼한 성체가 되는 식물처럼 자신의 미래에 대해서도 긍정적인 기대와 태도를 가지게 된다.

식물 기르기는 정원, 텃밭이나 온실을 이용하는 것이 좋으며 계절이나 환경 여건에 따라 옥상, 베란다에서도 충분히 가능하다. 특히 화훼나 채소를 기르는 것이 어려울 경우에는 실내식물을 이용하여 실내에서 기를 수도 있다.

## ● 프로그램: 식물 기르기(삽목하기)

**치료목적**: 생명에 대한 기대감과 책임감 그리고 자신감 향상을 통해 미래에 대한 긍정적 정서 형성

**활동재료**

－주요 소재: 허브

- 부소재: 삽목상, 질석, 용기, 그물망, 하이드로볼, 가위, 라벨, 네임펜,
  가위, 필기도구 등

**활동시간**: 1시간 30분

**활동방법**
- 허브의 향기를 맡아 보고 느낌을 언어로 표현한다.
- 질석에 물을 넣고 손으로 섞는다.
- 질석의 느낌을 말하고 특징을 안다.
- 물에 적신 질석을 용기에 채운다.
- 삽목방법을 안다.
- 삽목상에 식물을 일정한 간격으로 꽂는다.
- 라벨에 식물이름, 만든 날짜, 이름 등을 적고 꽂는다.
- 물을 준 후 신문지로 덮는다.
- 식물 기르기 일지를 작성한다.
- 삽목 후 뿌리가 잘 내리는 식물을 준비하여 식물 기르기에 대한 성
  공률을 높여 자신감을 가질 수 있도록 한다.

**유의점**
- 허브, 스킨답서스, 국화, 아이비 등 삽목 시 뿌리가 잘 내리는 식물
  을 선택하는 것이 좋다.
- 잎을 3~4장 남긴 상태에서 자르고 삽목상에 꽂을 때 약 2~3㎝ 정
  도 깊게 꽂는다.


Ⅲ. 긍정적 심리학을 적용한 원예치료 프로그램의 실제

- 삽목상이 없을 경우 다양한 패 상자 등을 이용해도 좋다(투명 컵이
  나 페트병, 유리화기 등을 이용할 경우 뿌리가 내리는 과정을 볼 수
  있는 장점이 있다).
- 어느 정도 뿌리가 내릴 때까지 직사광선을 피하는 것이 좋으며 물이
  마르지 않도록 관리한다.


## 내 용

치료사: 여러분은 어떻게 태어났어요?

아 동: 엄마와 아빠가 결혼을 해서 저를 낳았어요.

아 동: 엄마가 저를 낳았어요.

치료사: 그럼 식물들은 어떻게 하면 여러분처럼 귀여운 식물들을 또 만
        들 수 있을까요?

아 동: 씨앗이 땅속에 있으면 크게 자라서 큰 나무가 돼요.

아 동: 큰 나무에서 아기 나무가 태어나요.

아 동: 나뭇가지를 땅에 꽂으면 큰 나무가 돼요.

치료사: 식물은 여러분이 얘기한 것과 같이 인간과 다르게 여러 가지
        방법으로 태어나요. 그중에 한 가지로 잎이나 줄기를 잘라서
        흙에 꽂아 두면 뿌리가 다시 생기고 크게 자라게 돼요. 이러한
        번식방법을 '삽목'이라고 해요. 오늘은 준비한 식물을 이용해
        서 삽목을 하고 삽목한 식물이 뿌리가 내리고 잘 자라도록 직
        접 물을 주며 잘 돌보도록 해요. 그러려면 자신의 식물을 책임
        지고 뿌리가 내릴 동안 정성스럽게 물을 주며 동생처럼 돌봐
        야 하는데 자신이 있나요?

아 동: 네!


아동의 창의성 발달을 위한 긍정적 원예치료

치료사: 삽목한 허브는 잘 자라고 있나요? 직접 물도 주고 말도 걸어
　　　　주고 잘 관리하고 있을 거라고 믿어요. 뿌리가 얼마나 내렸을
　　　　까? 선생님도 궁금해요.

아　동: 자꾸 눈이 가고 손이 가요. 흙 아래가 보이지 않으니까 더 궁
　　　　금해요.

아　동: 뿌리가 내렸으면 좋겠다고 얼른 뿌리를 내리라고 매일매일 물
　　　　을 주며 얘기하고 있어요.

아　동: 물이 빨리 없어져서 물을 많이 주고 있어요. 물을 많이 먹으니
　　　　까 뿌리가 크고 튼튼하게 나 있을 것 같아요.

삽목상을 이용한 허브삽목


Ⅲ. 긍정적 심리학을 적용한 원예치료 프로그램의 실제

투명컵을 이용한 허브삽목

높인 화단을 이용한 허브 기르기

**덧붙이기**: 잘린 식물은 '온전하지 못한', '열등한' 등으로 표현할 수 있다. 이러한 상태는 불완전하고 부족한 대상자 자신과 때로는 동일시되기



아동의 창의성 발달을 위한 긍정적 원예치료

도 한다. 치료사는 적정기간이 지난 후 식물의 뿌리가 내릴 것이며 온전한 개체로 될 것이라는 설명을 통해 막연한 두려움을 없애고 기대감과 희망을 가질 수 있도록 대상자를 지지하는 것이 중요하다. 때때로 내담자는 뿌리 없이 견뎌야 하는 식물에 대한 측은함으로 인해 식물이라는 매체로부터 강한 유대감을 느끼게 된다. 따라서 시간이 흐르고 뿌리가 내린 후의 '온전한', '완전한' 상태의 식물을 보면서 자신감과 안정감을 가지게 된다. 대상자는 식물과 함께 불완전한 과정을 이겨냄으로써 강한 성취감을 가지게 되며 이는 자신에 대한 기대감을 가져오도록 돕는 에너지로 작용하게 된다.

## ● 프로그램: 수확 & 탁본하기

**치료목적**: 수확으로 인한 성취감, 자신감 향상을 통해 미래에 대한 긍정적 정서 형성

**활동재료**
- 주요 소재: 직접 기른 채소, 과일 등의 수확물
- 부소재: 도화지, 물감, 붓, 물, 칼, 기록지, 필기도구 등

**활동시간**: 1시간 30분

**활동방법**
- 직접 기른 채소 및 과일 수확하기

- 깨끗하게 씻기
- 수확한 작물 수나 소감 등을 기록하기
- 수확물을 잘라 내부를 관찰하거나 촉감, 미각 등 다양한 방법으로 느끼고 기록하기
- 물감을 칠하여 도화지에 찍어 본다.


**유의점**

- 수확량을 미리 의논하여 정한 후 적당량을 수확한다.
- 수확할 때 유의할 점이나 수확요령 등을 미리 지도하여도 좋다.
- 안전하게 도구를 사용할 수 있도록 주의한다.
- 수확물 이외에도 다양하게 준비, 채집하여 함께 관찰하여도 좋다.


**내 용**

치료사: 토마토가 빨갛게 물들었네요. 상추도 지난주보다도 더 크고 싱싱하게 보입니다. 일주일 동안 어떻게 관리했나요?

치료사: 지난주와 비교해서 어떤 점이 달라졌나요?

아  동: 빨간색 토마토가 더 많아졌어요.

아  동: 햇볕이 뜨거워서 더울 것 같아 제가 매일 물을 줬어요. 그랬더니 토마토가 더 많아졌어요.

아  동: 제 토마토 숫자가 ○○이 토마토 숫자랑 같아요.

아  동: 상추가 너무 많이 자라서 빨리 먹어야 될 것 같아요.

아  동: 울타리가 있는데도 아이들이 가끔 들어가기도 해서 지나가면서 밟을까 봐 매일 지켰어요.


아동의 창의성 발달을 위한 긍정적 원예치료

아　동: 힘들기도 했지만 재미있었어요.

아　동: 매일 조금씩 자라는 게 너무 신기했어요.

치료사: ○○이가 정성스럽게 물도 주고 잘 자라는지 지키며 돌봐서 그런지 토마토도 먹음직스럽고 상추도 더 싱싱한 것 같아요. ○○이가 열심히 돌보는 것을 보니 선생님도 뿌듯해요. 오늘은 잘 익은 채소를 수확해서 먹기도 하고 물감으로 예쁜 모양으로 찍어 볼 예정이랍니다. 그럼 바구니를 들고 수확하도록 해요.

아　동: 선생님, 지금 먹어도 돼요?

아　동: 얼마만큼 수확해요?

아　동: 가져가서 가족들과 함께 먹고 싶어요.

아　동: 엄마 드리고 싶어요.

치료사: 수확해서 깨끗하게 씻어서 먹기도 하고 수확량에 따라 가져가도 돼요. 그리고 앞으로도 계속 수확할 예정이기 때문에 직접 기른 것을 ○○이가 평소 고마웠던 분에게 드리거나 함께 먹어도 된답니다. 그럼 하나씩 얼마나 수확해야 하는지 직접 보면서 수확하기로 해요.

치료사: 씨앗을 뿌리고 모종을 심고 이렇게 수확할 때까지 얼마나 지났나요?

치료사: 직접 돌보며 기른 채소를 수확한 기분이 어떤가요?

치료사: 수확한 채소 이름과 얼마나 수확했는지 기록해 보도록 해요.

치료사: 촉감은 어떤가요? 어떤 맛이 나요? 내부는 어떤 모양인가요?

치료사: 우리가 평소 이것을 어떻게 먹나요?

치료사: 수확한 것을 선물하거나 함께 나눠 먹고 싶은 사람이 있나요? 있다면 누구인지 말해 봐요.


Ⅲ. 긍정적 심리학을 적용한 원예치료 프로그램의 실제

아  동: 집에 가져가서 우리 가족 모두 함께 먹을래요.

아  동: 엄마, 아빠, 할머니, 저, 동생이 다 같이 먹으려면 많이 필요해요.

아  동: 저는 채소를 잘 먹는데 동생은 안 먹어요. 그래서 집에 가져가
서 동생에게 같이 먹자고 할 거예요.

치료사: 힘들었지만 수확할 때까지 기다리고 잘 돌본 거라 하나하나에
여러분의 정성이 가득 담겨 있는 것 같아요. 마트에서 구입하
는 채소나 과일도 모두 마찬가지랍니다. 이렇게 우리가 먹기까
지는 누군가가 열심히 기른 거예요. 앞으로 채소를 먹을 때는
어떻게 해야 할까요? 안 먹거나 버리면 될까요?

아  동: 아니요. 농부아저씨가 열심히 기른 거예요. 버리면 안 돼요.

아  동: 맛있게 먹어요.

아  동: 채소를 많이 먹을래요.

치료사: 지난주에 가져간 채소는 어떻게 했나요?

아  동: 엄마 드렸는데 씻어서 같이 먹었어요.

아  동: 진짜 제가 기른 것이 맞느냐고 해서 그렇다고 했더니 칭찬해
주셨어요.

아  동: 산 것보다도 더 맛있다고 하셨어요.

아  동: 토마토가 3개 밖에 없어서 하나씩밖에 못 먹었는데 맛있었어요.

아  동: 상추로 쌈을 싸 먹었어요.


아동의 창의성 발달을 위한 긍정적 원예치료

식물 탁본

상추 수확하기                          토마토&고추 수확하기

**덧붙이기**: 생명을 존중하며 지키는 일은 학업우선주의와 경쟁구도 속에서 결과 중심으로 평가되었던 것과는 다르게 과정 중심적이며 아동에게 긍정적인 성취감을 주게 된다. 식물이 자라서 수확하기까지는 일정기간 정성을 기울여야만 가능하며 물과 비료를 주고 지주를 세우고 잡초를 뽑아 주는 일을 꾸준히 하는 것이 무엇보다 중요하다. 마침내 이루어 낸 수확을 통해 '성공', 즉 스스로를 형편없는 존재 또는 실패자라고 믿었던

아동들에게 자신감을 가져다주며 나도 할 수 있다는 동기를 부여하게 된다. 이때 조급해하거나 쉽게 포기하는 아동의 경우 식물의 변화에 관심을 가지게 하며 지속적으로 지지하고 격려함으로써 아동의 긍정적인 행동을 장려하는 것이 좋다.

## ● 프로그램: 식물 이식 & 선물하기

**치료목적**: 원예매체에 대한 동기부여와 대인관계 향상

**활동재료**

- 주요 소재: 식물(파종 또는 삽목 후 이식이 필요한 식물)
- 부소재: 포장지, 가위, 리본, 라벨, 네임펜, 편지지, 필기도구 등

**활동시간**: 1시간 30분

**활동방법**

- 식물이 어느 정도 자랐는지 관찰한다.
- 우유팩(또는 이식할 용기) 하단에 구멍을 뚫어 배수구를 만든다.
- 낙엽이나 그물망을 이용하여 배수구를 막는다.
- 촉감, 시각 등을 사용하여 직접 식물을 보고 만져 본 후 연상되는 것들에 대해 자유롭게 얘기해 본다.
- 식물 이외의 소재들에 대해서도 구체적인 느낌을 얘기해 본다.
- 배양토에 물을 적당히 넣어 손으로 골고루 섞는다.

- 직접 배양토를 만든 후 물을 적당히 넣어 손으로 골고루 섞는다.
- 식물을 이식한다.
- 만든 날짜, 식물 이름, 만든 사람 등을 적은 라벨을 꽂는다.
- 선물할 사람을 정한다.
- 색종이, 리본 등 다양한 재료를 이용하여 자유롭게 화분장식을 한다.
- 편지를 적은 후 함께 선물한다.

**유의점**

- 이식 시기는 파종 후 본잎이 3~4장 난 상태이거나 삽목한 식물의 경우는 뿌리가 식물의 상단부분 정도의 길이로 자란 후가 적절하다 (식물의 종류와 온도 등에 따라 이식 시기가 다르다).
- 우유팩, 페트병과 같이 재활용 용기를 이용할 경우 배수구를 만들어 사용한다.
- 식물의 양이 많을 경우에는 회기를 나누어 실시하는 것이 좋다.

**내 용**

치료사: 삽목을 했던 식물의 뿌리가 어느 정도 자랐는지 흙을 털어내 볼까요? 뿌리가 다치지 않게 조심해서 흙을 털어냅니다.

아  동: 뿌리가 윗부분보다 더 길어요. 그런데 뿌리가 얇아서 튼튼하지 않은 것 같아요.

아  동: 잎이 시들시들한 건 뿌리가 내리지 않았어요.

치료사: 우유팩 바닥을 왜 뚫었을까?

아  동: 물이 나오는 구멍을 만들어야 해요.


Ⅲ. 긍정적 심리학을 적용한 원예치료 프로그램의 실제

아  동: 구멍이 없으면 물이 밖으로 나올 수 없어요.

치료사: 맞아요. 구멍이 없으면 물이 빠지지 못해서 뿌리가 썩을 수도 있어요. 물이 잘 빠지도록 배수구를 만들어 주는 거예요.

치료사: 구멍에 흙이 빠지지 않도록 낙엽 두장을 깔아요. 그러면 물은 빠지고 흙은 빠지지 않는답니다. 그리고 시간이 흐를수록 낙엽이 썩고 뿌리가 튼튼하게 자라서 흙을 꼭 잡아 주기 때문에 낙엽이 없어져도 흙이 흘러내리지 않아요. 그리고 썩은 낙엽은 식물에 영양분을 공급해 주는 역할도 한답니다.

치료사: 식물이 무럭무럭 자라기 위해서는 흙이 필요해요. 이 배양토는 세균이 없기 때문에 손으로 만져도 안전해요. 물을 넣고 손으로 골고루 잘 섞이도록 휘휘 저어 줘요. 손으로 만지는 느낌이 어때요?

아  동: 흙이 밀가루처럼 부드러워요.

아  동: 재미있어요. 이걸로 모래성을 쌓고 싶어요.

아  동: 놀이터에 있는 흙보다도 더 좋은 것 같아요.

아  동: 물을 넣으니까 흙색깔이 진해졌어요. 그리고 더 촉촉해요.

아  동: 흙놀이 하고 싶어요.

아  동: 흙을 만지면 엄마한테 혼나요. 그런데 이건 깨끗하니까 괜찮아요.

치료사: 흙 속에 촉촉하게 물이 있어야 식물이 그 물을 먹고 자랄 수가 있어요. 물이 잘 섞이도록 골고루 저어 주세요.

아  동: 너무 재미있어요. 계속 흙놀이했으면 좋겠어요.

치료사: 이전에 흙을 만지면서 놀았던 적이 있을 것 같은데 기억나는 일이 있나요?

아  동: 어릴 때 밖에서 못 놀았어요.


아동의 창의성 발달을 위한 긍정적 원예치료

아  동: 저는 지난달에도 할머니 집 앞에서 흙을 만지며 놀았어요. 재
미있었어요.

아  동: 주말농장에서 감자 캐기할 때 흙을 만졌는데 딱딱했어요. 그런
데 지금은 부드러워요.

아  동: 우리 아파트에있는 놀이터에 가면 흙을 만질 수 있어요. 그런
데 만지면 혼나기 때문에 못 만져요.

치료사: 예쁜 생명을 여러분 손으로 잘 키웠군요. 모두 대단한 것 같아요.
그럼 이렇게 소중한 작은 식물을 누구에게 선물하고 싶은가요?

치료사: 사랑하는 사람에게 선물하는 만큼 준비한 우유팩을 다양한 문
구로 예쁘게 꾸며 보도록 해요. 그리고 지금까지 직접 기른 식
물인 만큼 선물을 받는 사람도 잘 키울 수 있도록 식물 기르는
방법과 사랑하는 마음을 담은 편지를 함께 선물하도록 해요.

우유팩을 이용한 식물 이식                                                     화분 포장하기

**덧붙이기**: 흙을 마음껏 만질 수 있도록 시간을 주고, 흙을 만졌을 때의 촉감 등을 얘기하며 느낌을 나누도록 하여 감수성을 키울 수 있게 도와준다. 직접 손으로 만지기를 꺼리는 경우에는 강제로 만질 것을 강요하기보다는 비닐장갑 등을 주어 편안하게 접근하도록 하는 것이 좋다. 아동이 스스로 안전하다고 느낄 때까지 기다려 주는 것이 필요하며 때때로 말보다는 행동으로 치료사가 보여 주는 것이 더욱 효과적이라는 것을 잊지 말아야 한다. 또한 무리하게 한 번에 시도하는 것보다는 직접 낙엽을 주우며 계절감각을 익히는 과정을 전 회기에 실시하여 이용하는 것이 더욱 좋다. 원예치료에서의 프로그램은 원예활동처럼 무엇인가를 만들어 내는 것이 목표가 아니라는 점을 잊지 말아야 하며 완성도가 아니라 노력하는 태도에 대한 지지가 필요하다.

## ◉ 프로그램: 새싹 채소 기르기

**치료목적**: 그룹별로 식물 양육을 통해 또래와의 공동 목표를 설정

**활동재료**
- 주요 소재: 식물(새싹 씨앗과 허브)
- 부소재: 배양토, 신문, 물, 용기, 가위, 필기도구 등

**활동시간**: 1시간 30분


아동의 창의성 발달을 위한 긍정적 원예치료

**활동방법**

- 소그룹을 정한다.
- 개별 용기에 배양토를 채운다(배양토 대신 모시나 솜을 이용하여도 좋다).
- 3시간 정도 불려 놓은 새싹 채소를 넣는다.
- 물을 주고 신문지로 덮는다.
- 책임감을 느낄 수 있도록 용기에 이름을 붙인다.
- 일주일 동안 어떻게 관리할지 구체적인 방법과 일주일 후 어떤 변화가 일어날지 일지를 적는다(아동 연령에 따라 그림일지를 적어도 좋다).

**유의점**

- 식물 기르기에 처음 도전하는 아동일수록 초기에는 결과물을 빨리 볼 수 있으며 관리가 쉬운 새싹 채소, 상추와 같은 작물을 이용하여 흥미를 높이고 성공률을 높여 책임감과 자신감을 가질 수 있도록 한다.
- 새싹이 자라는 과정을 미리 설명하여 기대감을 가질 수 있도록 한다.
- 관리할 때 할 일들을 구체적으로 정하여 자라는 동안 아동이 직접 관리할 수 있도록 한다.

**내 용**

치료사: 일주일 후에 새싹이 잘 자라도록 기대하며 일지를 적어 보도록 해요
아  동: 크기는 좀 작다. 모양은 반듯반듯하다. 배추와 해바라기를 심었다. 새싹들아 무럭무럭 자라라. 키도 많이 커라. 키도 많이 크면 좋겠다.

무순 기르기(일주일 후)

치료사: 일주일 동안 새싹이 잘 자라도록 직접 돌본 덕분에 새싹이 쑥
쑥 잘 자랄 수 있었던 것 같아요. 물도 잘 주고 잘 자라도록
예쁜 말도 많이 걸어 준 ○○이가 선생님은 대견해요. ○○이
도 마음이 뿌듯하고 기쁠 것 같아요.

아  동: 물만 줘도 잘 자랐어요. 기분이 좋아요.

아  동: 새싹이 나오자마자 엄마와 동생과 함께 맛보고 매일 먹었어요.
매워도 맛있었어요.

아  동: 또 키워 보고 싶어요.

치료사: 일주일 동안 돌보며 느꼈던 기억을 떠올리면서 그림으로 표현
해 보도록 해요.

아  동: 새싹이 쑥쑥 자라고 있어요. 저는 매일 물을 줬어요.


아동의 창의성 발달을 위한 긍정적 원예치료

아　동: 싱크대 위에 올려놓고 키웠어요. 물을 주고 있어요. 아침에 일
어나서 물을 주고 저녁에도 물을 주었어요. 동생도 줬어요.

새싹 채소를 기른 경험을 그림으로 표현

덧붙이기: 새싹 채소 기르기는 식물 기르기를 짧은 기간에 성공적으로
체험할 수 있는 손쉬운 기르기 프로그램이다. 하루, 이틀만으로도 식물이
변화하는 모습을 볼 수 있어 식물의 생명력을 가장 짧은 시간 내에 느낄
수 있다. 따라서 식물 기르기에 대한 호기심을 자극하며 기대감, 인내심
을 길러 줄 수 있도록 초기에 활용하면 더욱 좋다.

## ◉ 프로그램: 애완식물 만들기

치료목적: 나와 교감할 수 있는 애완식물을 통해 긍정적 자아 형성

**활동재료**

- 주요 소재: 식물
- 부소재: 수태, 낙엽 낚싯줄(또는 실), 라벨, 네임펜, 가위, 그물망, 장
  식용품, 필기도구 등

**활동시간**: 1시간 30분

**활동방법**

- 준비한 식물 잎 중 큰 잎을 3개 딴다.
- 나뭇잎에 나만의 비밀 글을 적는다(털어내고 싶은 고민 2가지와 내
  가 가장 듣고 싶은 말 3가지).
- 물에 불린 수태를 만져 보고 느낌을 이야기해 본다.
- 물을 짠 후 수태를 평평하게 펴서 피자모양으로 만든다.
- 비밀 글을 적은 나뭇잎을 피자모양 중앙에 놓는다.
- 식물을 포트에서 분리한 후 그대로 그물망 위에 올린다.
- 수태를 화분모양으로 감싼 후 모양이 흐트러지지 않게 충분히 누른다.
- 낚싯줄을 이용하여 수태가 흐트러지지 않도록 감는다.
- 눈, 코 등을 붙이며 장식한다.
- 예쁜 이름을 지어 라벨에 적어 꽂는다.

**유의점**

- 산책하며 낙엽을 채집해서 사용하여도 좋다.
- 나뭇잎에 쓰는 글의 주제는 주제에 따라 변경하여도 좋다.


아동의 창의성 발달을 위한 긍정적 원예치료

- 수태는 사용하기 3시간 전에 물에 불린 후 사용하는 것이 가장 좋다.
- 낚싯줄이나 실을 이용하므로 아동의 연령을 고려하여 본 프로그램을
  하도록 한다.
- 포트에서 분리한 식물은 흙을 그대로 사용하므로 모양이 흐트러지지
  않도록 주의한다.
- 견본을 준비하지 않는 것이 아동의 창의적인 작품 활동에 도움을 준다.


## 내 용

치료사: 수분이 하나도 없는 수태는 이렇게 딱딱하답니다. 수태를 물에
　　　　 불리면 앞에 놓여 있는 것처럼 돼요. 다 같이 수태를 만져 볼
　　　　 까요? 어떤 느낌이 나요?

아　동: 물이 없는 것은 딱딱하고 짚 같이 까칠까칠한데 물에 젖은 것
　　　　 은 부드럽고 촉촉해서 기분이 더 좋아요.

아　동: 느낌이 보들보들해요.

아　동: 풀냄새가 나는 것 같아요.

아　동: 물에 젖은 수태가 양이 많아 보여요.

치료사: 수태가 물을 가득 머금고 있어서 이렇게 들면 물이 흘러내려
　　　　 요. 선생님처럼 수태를 야구공 크기만큼 잡고 손으로 꼭꼭 눌
　　　　 러서 물기를 최대한 제거합니다. 각자 야구공 크기 정도의 수
　　　　 태 볼을 두 개씩 만들어요.

치료사: 그럼 물기를 뺀 수태를 책상 위에 올려놓고 피자모양처럼 만들
　　　　 어 봅니다. 손으로 꾹꾹 눌러서 수태끼리 잘 뭉치도록 합니다.

치료사: 식물 포트에서 식물만 빼내는데 흙이 흐트러지지 않게 조심해



Ⅲ. 긍정적 심리학을 적용한 원예치료 프로그램의 실제

서 뽑니다. 포트에서 식물을 어떻게 빼낼까요? 이렇게 식물을
잡고 잡아당길까요?

아  동: 아니요. 식물이 다쳐요.

아  동: 식물 잎이 떨어져서 빨리 죽어요.

아  동: 이렇게 확 잡아당기면 잘 빠질 것 같은데요.

아  동: 화분을 뒤집으면 나올 것 같아요.

치료사: 맞아요. 포트에서 식물을 뺄 때 그냥 힘껏 잡아당기면 식물이
다치거나 스트레스를 받아서 좋지 않아요. 식물을 잘 빼내기
위해서는 우선 화분을 양쪽으로 눌러 줘서 틈을 만들어 줍니
다. 그리고 조심스럽게 식물의 줄기 부분을 잡고 화분을 기울
여서 화분을 살짝 당겨 주면 '쑥~' 하고 식물만 이렇게 빠집
니다. 그럼 설명한 방법으로 식물을 빼내서 수태로 만든 피자
모양 젤 중앙에 올려놓으세요.

치료사: 수태로 금방 뺀 화분보다 더 좋은 화분을 만드는 거라고 생각
하면 됩니다. 흙이 밖으로 나오지 않게 수태로 잘 감싸 줍니다.

치료사: 손으로 천천히 눌러서 수태가 모양이 잘 잡히도록 합니다. 손
을 떼도 모양이 흐트러지지 않을 때까지 눌러 줍니다.

치료사: 낚싯줄로 잘 마무리를 한 다음 이리저리 돌려 보고 어디에 얼
굴을 만들지 정해 봅니다. 그리고 어떤 표정으로 만들까 생각
한 후 눈과 코 등을 만들어 장식해 봅니다. 완성한 후 예쁜 이
름을 지어 줍니다.

치료사: 식물이 멋진 머리카락처럼 보이네요. 같은 식물을 이용했지만
완성한 작품을 보니 하나하나가 다 독특하고 개성이 있는 것


아동의 창의성 발달을 위한 긍정적 원예치료

같아요. 예쁜 이름을 만들어 주었나요?

아　동: 파인애플을 닮아서 '파펜'이라고 지었어요.

아　동: 토토로처럼 만들어서 '토토'라고 이름을 지었어요.

아　동: 환하게 웃는 얼굴을 만들었기 때문에 '미소천사'라고 이름을 붙였어요.

아　동: 우리 동생이니까 '막둥이'라고 부를 거예요.

치료사: 각자 만든 친구에게 털어내고 싶은 고민이 있나요?

아　동: 답답한 마음이요.

아　동: 요즘 너무 잠이 많은 것이 고민이에요.

아　동: 공부하기 싫어요.

치료사: 평소 가장 듣고 싶은 말은 무엇인가요?

아　동: 고마워.

아　동: 사랑해.

아　동: 예쁘다는 말이요.

치료사: 파펜과 토토, 미소천사, 막둥이…… 정말 멋진 이름입니다. 앞으로도 잘 돌봐준다면 머리카락도 더 쑥쑥 자랄 수 있을 것 같아요. 이렇게 예쁜 동생을 어디에 둘 건가요?

아　동: 제 책상 위에 두고 볼래요.

아　동: 베란다에 많은 다른 식물들과 함께 두면 외롭지 않을 것 같아요.

아　동: 식탁 위에 두면 밥 먹을 때마다 볼 수 있어요.

아　동: 텔레비전 위에 두고 싶어요. 그럼 텔레비전을 볼 때마다 볼 수 있잖아요.

치료사: 여러분의 예쁜 동생도 여러분처럼 사랑과 관심이 있어야 잘 자


Ⅲ. 긍정적 심리학을 적용한 원예치료 프로그램의 실제

랄 수 있어요. '사랑해'라는 말을 들으면 기분이 좋아지고 힘이
나요. 표현을 많이 해서 사랑도 많이 주도록 해요. 그리고 식물
은 말을 잘 들어주지만 비밀은 꼭 지켜 주니까 이런저런 속상
한 일들을 털어놓도록 합니다. 말을 하고 나면 기분이 좋아져
서 스트레스도 줄일 수 있어요.

만드는 과정

완성된 토피어리

**덧붙이기**: 토피어리, 감자인형, 잔디인형 등은 재료나 만드는 과정이 차이가 있으나 눈을 붙여 형태를 만드는 것과 식물이 자라는 과정을 볼 수 있다는 공통점이 있다. 눈, 코, 입 등을 꾸미게 됨으로써 내담자는 쉽게 의인화하여 타인 또는 자신과 동일시 표현하게 된다. 따라서 기르는 과정에서 관심 기울이기, 마음 털어놓기와 같은 부가적인 프로그램 응용이 가능하므로 이러한 프로그램의 경우 결과물을 치료사의 의도에 따라 다양하게 적용할 수 있다.


Ⅲ. 긍정적 심리학을 적용한 원예치료 프로그램의 실제

# 나의 마음을 알아주는 애완식물

이름 ___________________

◎ 나의 장점 3가지를 적으세요.


◎ 나의 단점 3가지를 적으세요.


◎ 털어내고 싶은 고민 1가지를 적으세요.


◎ 가장 듣고 싶은 말 1가지를 적으세요.


◎ 나의 꿈을 적으세요.


◎ 나의 마음을 알아주는 멋진 애완식물의 이름을 지어 주세요.


◎ '나의 마음을 알아주는 멋진 애완식물'을 만들어 본 소감을 적으세요.


◎ 어떻게 하면 내가 만든 멋진 애완식물을 잘 기를 수 있을까요?


아동의 창의성 발달을 위한 긍정적 원예치료

# 나를 닮은 친구

이름 _________________

1. 완성한 작품을 그려 보세요.

2. 나의 마음을 알아주는 멋진 애완식물의 이름과 그 이유를 적으세요.

3. 나의 친구에게 자주 해 주고 싶은 말을 적어 보세요.

4. 어떻게 하면 내가 만든 멋진 애완식물을 잘 기를 수 있을까요?

5. '나의 마음을 알아주는 멋진 애완식물'을 만들어 본 소감을 적으세요.


Ⅲ. 긍정적 심리학을 적용한 원예치료 프로그램의 실제

## ◉ 프로그램: 꽃 만다라

**치료목적**: 나의 내면에 집중하여 정화는 물론 긍정적인 정서를 표현함
으로써 카타르시스를 느낄 수 있다.

**활동재료**

- 주요 소재: 꽃(직접 채집한 자연물 등 다양한 식물소재 가능)
- 부소재: 우드락(또는 두꺼운 종이 등), 핸디코트(또는 찰흙), 가위, 필
 기도구 등

**활동시간**: 1시간 30분

**활동방법**

- 눈을 감고 깊은 심호흡을 한다(음악을 이용하면 더욱 효과적이다).
- '행복'에 대한 느낌이나 떠오르는 일들을 생각한다(긍정적인 정서를
 주제로 미리 제시하거나 개별적으로 정하여도 좋다).
- 떠올랐던 느낌이나 일들에 대해 구체적으로 써 본다(지문을 미리 제
 시하여도 좋다).
- '행복'에 대한 느낌을 주어진 재료를 보며 어떻게 표현할지 구상해
 본다.
- 우드락에 핸디코트를 바른다.
- 꽃을 면과 색으로 느끼며 붙인다.

**유의점**

- 꽃을 이용한 만다라를 만들어 보기 전에 만다라를 색칠하거나 직접 만다라에 그림을 그리는 작업을 우선적으로 실시하여 만다라에 대한 이해가 있는 후에 실시하면 더욱 효과적이다.
- 꽃을 이용한 만다라는 다양한 색으로 인해 선택의 폭이 넓고 향기, 촉감 등의 오감을 함께 느끼며 작업할 수 있어 더욱 효과적이다. 그러나 오랫동안 보관하기 어려운 단점이 있으므로 사진이나 다시 그림으로 그려 보는 재작업을 통해 느낌을 되살려 볼 수 있다.
- 꽃을 이용한 만다라를 실시한 후 원하는 만다라를 만들기 위해 재료를 자연에서 직접 채취하여 자연물 만다라를 만들어 보는 작업을 실시하면 더욱 좋다.


**내 용**

치료사: 지난 시간에 ○○이가 만든 만다라가 어디 있나요?

아　동: 여기 있어요. 그리고 이것도 제가 만들었어요.

치료사: 그렇구나. ○○이가 정성스럽게 만다라를 만들던 모습이 생각나요. ○○이의 행복한 생각이나 기쁨이 가득 담긴 만다라라서 그런지 이 만다라를 볼 때마다 기분이 좋아요.

아　동: 제 만다라를 보셨어요?

치료사: 그럼요. 선생님과 다른 반 선생님들도 보고 여기 오는 친구들도 봤어요. 이 만다라를 본 사람들이 말하기를 만다라를 보고 있으니 마음이 행복해진다고 말했어요. 그런 이야기를 전해 들으면 ○○이의 마음은 어때요?

아 　동: 기분이 좋아요. 만들면 더 재미있어요. 만들기 쉬우니까 다른
　　　　애들도 만들어 보라고 해 주세요. 또 만들래요.

치료사: 그래요. 오늘은 이때까지 만든 만다라와는 조금 다르게 예쁜
　　　　꽃들로 만다라를 만들어 볼게요.

치료사: 오늘 가장 기분 좋았던 일은 무엇이었는지 얘기해 볼까요?

아 　동: 오는 길에 엄마가 아이스크림 사 주셨는데 엄마와 같이 아이스
　　　　크림 먹을 때가 제일 기분 좋았어요.

치료사: 엄마와 함께 아이스크림을 먹었을 때 기분이 제일 좋았구나.
　　　　두 번째로 기분 좋았던 일은 무엇인가요?

아 　동: ○○이랑 놀았던 일요. 꼬리잡기 게임할 때 같은 편이었는데
　　　　우리 팀이 이겼어요.

치료사: 꼬리잡기 게임 선생님도 해 본 적이 있어요. ○○이랑 함께 놀
　　　　아서 ○○이도 기분이 더 좋았구나.

아 　동: 네. 내일 또 같이 놀기로 했어요.

치료사: 생각만 해도 기분 좋을 것 같아요. 친구들과 서로 양보하며 맛
　　　　있는 것도 나누어 먹고 재미있는 놀이도 함께하면 행복감이 더
　　　　커질 것 같아요. 맞아요?

아 　동: 네. 신나요.

치료사: 친구와 함께 재미있게 놀 때의 마음을 간단하게 표현하면 뭐라
　　　　고 할 수 있어요?

아 　동: '신나요', '재미', '행복'…… 행복으로 할래요.

치료사: 그래요. 친구와 놀 때의 신났던 기분을 떠올리면서 여기 있는 예
　　　　쁜 꽃을 이용하여 '행복'을 주제로 만다라를 만들어 보기로 해요.


아동의 창의성 발달을 위한 긍정적 원예치료

제목: 기쁨

제목: 행복(아플 때 약을 주는 별약)



Ⅲ. 긍정적 심리학을 적용한 원예치료 프로그램의 실제

치료사: 만다라(3단계 만다라)가 완성됐구나. ○○이가 만든 꽃 만다라
　　　　에 대해 설명해 줘요.
아　동: 제목은 행복입니다. 노란색 작은 꽃잎이 중간에 있어서 계속
　　　　꽃들을 만들어 내요. 그리고 꽃잎이 이렇게 퍼져서 자꾸자꾸
　　　　뻗어 가는 거예요. 빨간색, 노란색 꽃잎은 크기 때문에 빨리 색
　　　　이 퍼질 수 있어요. 이 중간에 버튼을 누르면 행복이 커져요.

**덧붙이기**: 꽃의 향기를 천천히 맡아 보고 향기, 촉감, 색상에 대해 충분
히 느끼고 얘기를 나눈 후에 실시하는 것이 좋다. 만다라는 결과물에 나타
난 색상과 형태도 중요하지만 만드는 과정에서 내담자의 몰입도가 무엇
보다 중요하다. 따라서 정원이나 숲을 산책하며 오감을 깨우는 활동이나
명상, 음악 등을 적용하여 정서적인 이완을 돕는 것이 효과적이며 이때
'행복', '기쁨', '즐거움'과 같은 긍정적인 정서에 집중하고 표현하도록 하
는 것이 좋다. 아이가 어릴수록 근래의 일들, 즉 전날이나 당일 즐거웠던
일을 떠올려 보고 그중 가장 기분 좋았던 일을 주제로 그때의 기분을 만
다라로 만들어 본다면 보다 쉽게 긍정적인 주제로 접근할 수 있다.


아동의 창의성 발달을 위한 긍정적 원예치료

꽃 만다라(찰흙 이용)

꽃 만다라(핸디코트 이용)

## ◉ 프로그램: 곡식 콜라주 만들기

**치료목적**: 생각을 이미지로 창조하기, 긍정적 표현을 통한 긍정적 자아 형성

### 활동재료

- 주요 소재: 씨앗(콩, 팥, 녹두 등 색상과 크기 모양이 다양한 씨앗)
- 부소재: 액자(또는 두꺼운 종이), 컬러점토(또는 찰흙), 목공용 본드,
  필기도구 등

### 활동시간: 1시간 30분

### 활동방법

- 다양한 크기, 모양, 색상, 촉감 등 오감을 통하여 씨앗을 관찰하고
  그 느낌을 말한다.
- 곡식과 다양한 재료를 이용하여 무엇을 만들지 생각한다(또는 주제
  에 맞는 것을 떠올려 본다).
- 재료를 이용하여 작품을 완성한다.

### 유의점

- 준비한 재료의 이름이 무엇인지 질문하기보다는 관찰 후 아동들이
  먼저 물어볼 때까지 기다린다(곡식의 이름을 아는 것보다는 오감을
  통해 아동이 무엇을 느꼈는가에 초점을 맞춘다).
- 핸디코트, 컬러점토, 찰흙 등을 함께 사용할 때는 곡식이 잘 붙도록


아동의 창의성 발달을 위한 긍정적 원예치료

두껍게 바르도록 한다(바로 목공용 본드를 이용할 때는 주의를 기울인다).

- 주제를 미리 제시하거나 아동이 곡식 등을 관찰한 후 만들고 싶은 것을 떠올려 직접 만들 수 있도록 하여도 좋다.


## 내 용

치료사: 선생님이 가져온 많은 씨앗들을 한번 볼까요? 보기만 해도 모양, 크기와 색상이 다양한 것을 알 수 있는데 만져 보면 또 어떤 느낌일까요? 직접 만져 보고 느낀 점을 말해 봐요.

아  동: 딱딱해요.

아  동: 차가워요.

아  동: 부드러워요.

아  동: 크기가 엄청 커요.

아  동: 선생님, 먹어 봐도 돼요?

아  동: 저 이거 뭔지 알아요. 이거 콩이에요. 엄마가 밥할 때 같이 넣어요. 콩밥 먹어 봐서 알아요. 근데 저는 콩 싫어하는데 엄마가 몸에 좋으니까 많이 먹으라고 해요.

아  동: 이것은 팥이에요. 팥죽 만들 때 넣어요. 이것도 먹어 봤어요.

아  동: 같은 콩인데도 색상과 크기가 조금씩 달라요.

아  동: 녹색은 뭔지 모르겠어요. 선생님, 이건 뭐예요?

치료사: 녹색이 무엇인지 궁금하군요. 콩과 비슷하게 생겼지요? 이건 녹두라고 해요. 녹두는 콩보다 조금 크기가 작은 것 같아요. 여기 있는 씨앗들은 대부분 밥이나 반찬으로 먹어 봤을 거예요.


Ⅲ. 긍정적 심리학을 적용한 원예치료 프로그램의 실제

아　동: 녹두도 먹어 봤어요. 녹두전 만들어 먹는 것 맞죠?

아　동: 콩은 자주 먹어요. 급식 때마다 나와요.

아　동: 노란색(수수)도 밥에 들어 있는 걸 먹어 봤어요.

치료사: 우리 만들기 전에 재미있는 놀이를 해 볼까요? 젓가락으로 콩 옮기기 게임을 해 보도록 해요. 크기는 다르지만 둥글둥글해서 잘 옮길 수 있을까요? 궁금해요. 그럼 옮기기 쉬운 큰 콩부터 연습을 하고 점점 작고 옮기기 어려운 것으로 해 봐요.

아　동: 젓가락질 잘해요. 자신 있어요. 천천히 하면 더 빨리 옮길 수 있어요.


**덧붙이기**: 곡식을 이용한 콩 옮기기, 여러 가지 곡식을 섞어서 골라내기 등은 재미와 흥미를 높일 뿐만 아니라 주의집중력 향상에도 도움을 줄 수 있다. 그러나 승부에 민감한 아동의 경우 오히려 부정적인 반응을 보일 수 있으므로 프로그램 초기에 이용할 경우 가벼운 놀이 형태로 하는 것이 좋다.


아동의 창의성 발달을 위한 긍정적 원예치료

해바라기                                    나의 미소

치료사: 곡식들로 여러분의 생각을 담은 멋진 창조물이 나온 것 같아
       요. 곡식은 먹을 수도 있지만 또 이렇게 놀이를 하거나 작품으
       로도 만들 수 있어요. 예쁜 작품에 제목을 붙였나요? 직접 만
       들어 본 소감이 어떤가요?

아  동: 먹는 것으로 만들려니 조금 아까워요.

아  동: 콩이 잘 붙었어요.

아  동: 웃는 얼굴을 만들었어요. 완두콩을 붙였더니 코가 커졌어요.

아  동: 꽃잎의 색깔이 다 달라요.


Ⅲ. 긍정적 심리학을 적용한 원예치료 프로그램의 실제

햄스터 집(찰흙 이용)

아　동: 햄스터가 있는 집을 만들었어요. 큰 햄스터와 작은 햄스터가
　　　　있고 여기 햄스터 주변에 있는 것이 모두 먹이에요.

치료사: 그렇구나. 햄스터 주변에 있는 곡식들이 다 먹이였구나. 그럼
　　　　이 햄스터는 놀다가 배가 고프면 언제든지 음식을 먹을 수 있
　　　　겠네.

아　동: 네, 배가 고프면 마음대로 음식을 먹을 수 있어요. 먹이가 많거
　　　　든요. 다 먹을 수 있어요.

치료사: 그런데 여기 크고 긴 것은 무엇인가요?

아　동: 이건 매입니다. 햄스터가 음식을 너무 많이 먹으면 뚱뚱해지잖



아동의 창의성 발달을 위한 긍정적 원예치료

아요. 그래서 햄스터가 한꺼번에 너무 많이 먹지 못하게 매를 만들었어요. 음식을 너무 많이 먹으면 이걸로 때리면 돼요(초등학교 2학년 아동, 부모님의 심한 구타에 오랫동안 노출이 되었던 아동).

**덧붙이기**: 자신감이 부족하거나 표현이 부족한 아동의 경우 작품의 완성도에 대한 부담감으로 인해 오히려 위축감을 느낄 수 있으므로 주어진 재료를 오감을 이용하여 자유롭게 느낄 수 있도록 충분한 시간을 주는 것이 좋다. 그리고 아동이 어릴수록 생활 속에 있었던 일을 떠올리며 만들어 보거나 '웃는 얼굴'과 같은 간단한 작업 위주로 실시하는 것이 좋다. 자유 주제로 표현할 경우 작품에는 아동의 실제생활과 심리가 담겨 있으므로 작품에 대한 구체적인 설명을 들을 필요가 있다. 이때 아동의 이야기를 충분히 들어주고 공감하며 아동의 감정을 읽어 주는 작업이 필요하다.

들판 위에 있는 예쁜 우리 집(아이클레어 이용)

치료사: 지난주에 만든 작품을 어떻게 했나요?

아　동: 웃는 얼굴을 책상 위에 올려놓았어요. 표정이 재미있어서 매일 보면서 같이 웃어요.

아　동: 냉장고에 붙여 놨어요. 제가 잘 만들었다고 엄마가 그 밑에 메모지로 이름도 붙여 줬어요.

**덧붙이기:** 콜라주는 '붙인다'는 의미로 치료과정에서 일반적으로 신문, 잡지책, 색종이, 헝겊, 나무 조각 등을 이용하여 '내가 좋아하는 것', '나의 꿈', '자화상', '우리 가족', '이름 만들기' 등과 같은 다양한 주제로 작


아동의 창의성 발달을 위한 긍정적 원예치료

업을 하는 경우가 많다. 콜라주 작업의 가장 큰 장점은 자신의 가치관이나 언어로 표현하기 힘든 것을 이미지로 창조하여 시각화할 수 있어 치료과정에서 많이 이용될 수 있는 기법이라는 것이다. 곡식이나 자연물과 같은 재료를 이용할 경우 재료의 변화를 통해서도 아동의 흥미를 높일 수 있을 뿐만 아니라 여러 가지 재료를 준비하여 원하는 재료를 이용할 수 있도록 아이에게 선택권을 줄 수 있으며 이는 적극적이며 즐겁게 참여할 수 있는 원동력으로 작용되기도 한다. 특히 곡식이나 자연물의 경우 입체적인 표현이 가능하여 보다 창조적이며 추상적인 형태로 나타내기에도 용이하다. 또한 완성한 콜라주 작품은 선물하거나 벽 등에 장식할 수 있어 성취감을 상승시키는 효과가 있다.

## ● 프로그램: 미래 시상 꽃다발 만들기

**치료목적**: 미래에 대한 동기부여, 긍정적 지지를 통한 긍정적 자아 형성

**활동재료**
 − 주요 소재: 꽃
 − 부소재: 포장지, 빵 끈, 가위, 리본, 기록지, 필기도구 등

**활동시간**: 1시간 30분

**활동방법**

- 나의 꿈을 떠올린다.
- 꿈이 무엇인지 구체적으로 적는다.
- 꿈을 이루기 위해 어떻게 노력할지 각오를 적어 본다.
- 꿈을 이루게 된다면 어떤 상을 받을지 상상해 본다.
- 꿈을 이루게 된다면 어떤 느낌이 들지 적어 본다.
- 나를 위한 꽃다발을 만든다.
- 역할극을 통하여 꽃다발을 받으며 소감을 말하여 동기부여를 한다.


**유의점**

- 꿈을 떠올리도록 하여 동기부여를 할 수 있도록 하고 그 꿈을 이루기 위해서 어떤 과정과 태도로 노력할 것인가에 가치를 두고 연상할 수 있도록 유도한다.
- 역할극을 통하여 서로 칭찬하며 지지하도록 한다.
- 포장을 예쁘게 하는 것이 중요하지는 않으므로, 정성어린 마음의 중요함을 강조하여 포장에 대한 부담감을 느끼지 않도록 격려한다.


**내　용**

치료사: 꿈이 있고 꿈을 향해 나아가는 것은 현재를 더 노력하고 열심히 살아가게 하는 힘을 가지고 있어요. 평소 나의 꿈이 무엇인지 생각해 봐요.

아　동: 대통령이 되고 싶어요.

아　동: 검사가 되어서 나쁜 악당을 다 잡아넣을 거예요.


아동의 창의성 발달을 위한 긍정적 원예치료

아  동: 선생님이 되고 싶어요.

아  동: 의사가 되고 싶어요.

아  동: 아직 모르겠어요.

치료사: 멋진 꿈을 가지고 있구나. 그리고 아직 꿈이 없는 친구들은 조급해하지 않아도 돼요. 자라면서 내가 무엇을 좋아하고 잘하는지를 천천히 알아 가면 돼요. 그리고 크면서 다른 꿈으로 바뀔 수도 있답니다. 아직 뚜렷한 꿈이 없는 친구들은 내가 어떤 어른이 되고 싶은지 그리고 내가 무엇을 잘하는지를 곰곰이 생각해 보고 정해보도록 해요.

아  동: 선생님은 꿈이 뭐에요?

치료사: 선생님도 어릴 때는 화가가 꿈이었는데 크면서 꿈이 바뀌었어요. 그리고 지금은 치료사라는 직업으로 꿈을 이루었습니다. 그런데 원하던 직업을 가졌지만 그게 전부는 아닌 것 같아요. 오히려 꿈을 이루기 위해 노력하고 또 꿈을 이룬 뒤에 그에 맞게끔 훌륭한 어른이 되기 위해 최선을 다하는 과정이 중요한 것 같아요.

아  동: 저도 유치원 다닐 때는 화가가 꿈이었어요. 지금은 미술 선생님이 되고 싶어요. 그림 그려서 상도 많이 받았어요.

치료사: 그렇구나. 그림도 잘 그리고 또 좋아하기 때문에 장래희망이 미술 선생님이 되는 것이구나. 멋진 것 같아요. 장래희망과 관련하여 되고 싶은 이유가 각자 다 다를 것 같은데 얘기해 볼까요?

아  동: 검사가 되면 아이들을 때리는 나쁜 사람들을 잡아서 혼내 줄 수 있어요. 저는 발차기도 잘해요.


Ⅲ. 긍정적 심리학을 적용한 원예치료 프로그램의 실제

치료사: 그렇구나. 약한 사람을 지켜 주고 싶기 때문에 검사가 되고 싶은
거군요. 검사가 되려면 어떻게 하면 좋을까요?

아  동: 약한 사람을 지킬 수 있으려면 힘이 있어야 돼요. 그래서 태권도
를 열심히 해야 해요. 지금은 아직 힘이 약해서 싸우면 맞아요.
우리 반에는 ○○이가 힘이 제일 세요.

치료사: 그렇구나. 힘이 있다고 해서 나쁜 사람을 때리는 것은 나쁜 행동
인데 열심히 운동을 해서 훌륭한 검사가 된다면 약한 사람들을
지켜 줄 수 있을 것 같아요.

12세 남아의 현재와 미래의 자신의 모습
현재의 나: 공부하는 학생, 미래의 나: 의사
의사를 하고 싶은 이유는 단지 돈을 많이 벌 수 있고
앉아서 일하며 컴퓨터를 할 수 있기 때문이라고 함

11세 남아의 미래 나의 모습: 검사
부자이며 악당을 물리치는
힘이 센 검사를 표현

**덧붙이기**: 자신의 현재와 미래의 자기 모습에서 긍정적인 부분을 발견
할 수 있다는 것은 자신에 대한 신뢰를 말할 수 있다. 주변사람은 물론


아동의 창의성 발달을 위한 긍정적 원예치료

자기 자신 또한 스스로를 가치 있게 여긴다는 것은 능력, 소속, 자유와 같은 인간의 기본적인 욕구를 좀 더 삶에 성공적으로 대처할 수 있는 방향으로 에너지를 발휘할 수 있도록 이끌어 주게 된다. 자신의 모습과 미래의 모습, 자신의 꿈과 같은 것을 주제로 다양한 매체에 접근하여 표현해 보는 과정을 본 프로그램 이전에 실시하게 되면 더욱 효과적일 수 있다.

꿈은 보편적일 수 있으나 꿈을 가지게 된 동기나 이유는 아동의 환경과 밀접한 관계를 이루는 경향이 많으므로 꿈을 이루고자 하는 이유가 중요하게 해석되어 질 수 있다. 꿈과 관련되는 이유가 부정적일 경우 아동의 심경에 공감해 주면서도 긍정적인 이유를 가질 수 있도록 유도하여 지지하는 과정이 필요하다.


치료사: 단지 꿈을 이루었기 때문에 상을 받는 것은 아닌 것 같아요. 상을 받는다는 것은 다른 사람에게 존경받을 만한 훌륭한 사람을 뜻하기도 하며, 또 그 꿈을 이루기 위해 많은 노력을 했던 과정을 중요시하기 때문인 것 같아요. 꿈과 관련되는 상이나 받고 싶은 상이 무엇인지 적어 보세요.

치료사: 그럼 어른이 되어 꿈을 이루게 됐을 때를 생각해 보고 그때 의젓한 자신이 상을 받았다고 상상해 보도록 해요. 그때 시상식에 참석하여 예쁜 꽃다발을 받으며 시상 소감을 말하게 되겠죠? 어떤 말을 할지 적어 보도록 해요.


Ⅲ. 긍정적 심리학을 적용한 원예치료 프로그램의 실제

나를 위한 꽃다발 만들기                      미래 상 받기(역할극)

**덧붙이기**: 긍정적인 꿈은 자신에 대한 긍정적인 미래를 나타낸다고 할 수 있다. 이러한 꿈의 실현은 자신에 대한 믿음을 바탕으로 이루어지게 된다. 현재 많은 어려움을 가졌다 하더라도 주변사람으로부터의 지속적인 격려와 '할 수 있다'라는 자신에 대한 믿음은 꿈에 대한 동기부여를 하며 이러한 동기부여는 현재에 최선을 다할 수 있는 에너지가 된다. 이외에도 아이는 건강한 부모, 선생님과 같은 주변인으로부터 큰 영향을 받게 되는데 특히 치료사 자신 또한 아동의 미래에 긍정적인 영향을 줄 수 있는 사람이라는 것을 명심해야 한다.


아동의 창의성 발달을 위한 긍정적 원예치료

# 나의 꿈

이름 _________________

◎ 나의 꿈이 무엇인지 적어 보세요.

◎ 그 이유를 적어 보세요.

◎ 꿈과 관련하여 미래에 받고 싶은 상은 무엇인가요?

◎ 상을 받을 때를 상상하며 시상 시 소감을 미리 적어 보세요.

◎ 미래 '상'을 받은 후 나의 느낌을 적어 보세요.

◎ 꿈을 이루기 위해 지금부터 해야 할 것을 적어 보세요.

## ● 프로그램: 칭찬 꽃다발 만들기

**치료목적**: 또래의 긍정적인 지지를 통한 긍정적 자아 형성

**활동재료**

- 주요 소재: 꽃
- 부소재: 포장지, 빵 끈, 가위, 리본, 기록지, 필기도구 등

**활동시간**: 1시간 30분

**활동방법**

- 각자의 이름을 적은 쪽지를 모아 섞는다.
- 한 명씩 이름을 뽑아 칭찬할 짝꿍을 정한다.
- 친구의 장점을 적어 본다.
- 꽃다발을 만든다.
- 친구의 장점을 칭찬하며 꽃다발을 선물한다(릴레이 방법).

**유의점**

- 참가 아동 모두 한 번씩 칭찬하고 칭찬을 받을 수 있도록 지도한다
  (유대관계가 좋은 그룹의 경우 짝꿍을 직접 선택하는 방법도 좋다).
- 아이들의 손에 맞게 크기를 작게 만드는 것이 좋으며 사탕과 같이
  아동이 좋아하는 부소재를 이용하면 더욱 좋다.
- 포장을 예쁘게 하는 것이 중요한 것이 아니므로 정성 어린 마음이 중요


아동의 창의성 발달을 위한 긍정적 원예치료

하다는 것을 강조하여 포장에 대한 부담감을 느끼지 않도록 격려한다.


## 내  용

치료사: 고래를 춤추게 하는 것은 무엇일까요?

아　동: 칭찬입니다.

치료사: 맞아요. 칭찬은 큰 고래도 춤을 추게 하는 마법을 지니고 있어요.
　　　　칭찬을 받아 기분이 좋았던 일을 떠올려 보고 얘기해 볼까요?

아　동: 오늘 아침에 동생 양말을 제가 신겨 줬는데 엄마가 잘했다고
　　　　칭찬해 주셨어요.

아　동: 100점 맞았을 때 잘했다고 칭찬을 받았어요. 맛있는 것도 먹었
　　　　어요.

아　동: 쓰레기 줍기 같은 착한 일을 하면 칭찬 스티커를 받아요. 우리
　　　　반에서 지금 하고 있는데 우리 조가 제일 많이 받았어요.

치료사: 남이 시키지 않았지만 청소를 하거나 다른 사람을 도와주는 일
　　　　을 했다니 정말 좋은 일인 것 같아요. 들어 보니 대견스럽고
　　　　선생님도 칭찬해 주고 싶은 마음이 들어요. 칭찬받을 때 기분
　　　　이 어땠어요?

아　동: 날아갈 듯이 기분이 좋았어요.

아　동: 계속 칭찬을 받았으면 좋겠다고 생각했어요.

치료사: 좋은 일을 하고 나면 누가 칭찬하지 않아도 스스로 뿌듯해요.
　　　　그리고 생각지도 못했지만 칭찬을 받을 땐 선생님도 기분이
　　　　좋답니다. 그럴수록 더 자주 좋은 일을 하고 노력하게 되는 것
　　　　같아요.


Ⅲ. 긍정적 심리학을 적용한 원예치료 프로그램의 실제

치료사: 자신뿐만 아니라 누구에게나 칭찬받을 수 있는 자랑거리가 있
       을 것 같아요. 오늘은 짝꿍을 정해서 평소 짝꿍의 좋은 점을
       구체적으로 칭찬하기로 해요.

치료사: 어떤 점을 칭찬하고 싶은가요?

아  동: 볼살이 통통해서 귀여워요.

아  동: 공부를 잘해요.

아  동: 그림을 잘 그려요.

아  동: 남을 잘 배려해 줍니다.

아  동: 웃는 모습이 예뻐요.

아  동: 양보를 잘해요.

아  동: 눈이 크고 예뻐요.

아  동: 한자를 잘 써요.

아  동: 뜨개질을 잘해요.

아  동: 운동을 활기차게 잘해요.

아  동: 사람을 잘 웃게 해요.

아  동: 제게 잘해 주고 친절해요.

아  동: 잘 먹어요.

아  동: 한 가지 일에 집중을 잘해요.

아  동: 화를 잘 내지 않아요.

아  동: 다른 친구를 놀리지 않아요.

치료사: 정성껏 포장한 꽃다발을 선물했을 때 친구가 어떤 말을 했나요?

아  동: '헤헤헤' 하고 웃었어요.

아  동: 고맙다고 했어요. 그래서 기분이 좋았고 장미 향도 좋았어요.


아동의 창의성 발달을 위한 긍정적 원예치료

아　동: 좋다고 했는데 저도 좋았어요.

아　동: 아무 말도 안 했지만 기분이 좋았어요.

아　동: 사랑한다고 했어요.

치료사: 선물할 때 기분이 어땠나요?

아　동: 두근두근 떨리고 좋았어요.

아　동: 내가 만든 걸 선물하니깐 기분이 좋아요.

아　동: 기분이 하늘을 날아갈듯 좋았어요.

아　동: 좀 아깝기도 했지만 그래도 잘 준 것 같아요.

아　동: 조금 어색했어요.

아　동: 기회가 생기면 더 해 보고 싶어요.

아　동: 부끄러웠어요.

아　동: 기뻤어요.

아　동: 행복했어요.

꽃향기 맡기            사탕을 넣은 미니 꽃다발

**덧붙이기**: '칭찬하기'는 타인의 긍정적인 부분을 보는 연습과 이를 따뜻한 어조로 칭찬하며 전달하는 것의 이점에 대해 알 수 있는 계기가 된다. 집단 원예치료에서 '서로 칭찬하기'와 같은 프로그램을 실시할 경우 집단 구성원 간의 라포 형성이 이루어진 후에 실시하는 것이 바람직하다. 칭찬하기에 익숙하지 않은 아동의 경우 오히려 부정적인 부분을 드러내기도 하는데 이때에는 서로의 부정적인 모습에 대해서도 인정하는 것이 중요하다는 것을 알려주며 긍정적인 언어를 사용하도록 격려한다.

아동의 긍정적인 부분에 대한 치료사의 지속적인 칭찬은 아동의 긍정적인 행동을 촉진시키며 긍정적인 동기부여를 가져다줄 수 있다. 아동이 어릴수록 칭찬을 할 때에는 애매하고 포괄적인 칭찬보다는 구체적으로 표현하는 것이 필요하다.


아동의 창의성 발달을 위한 긍정적 원예치료

# 서로 칭찬해요!

이름 ＿＿＿＿＿＿＿＿

칭찬하고 싶은 사람은 누구인가요?

어떤 점을 칭찬하고 싶은가요?

정성껏 포장한 꽃에 마음을 담아 선물해 봅시다.
장미꽃을 받으며 어떤 말을 했는지 적어 봅시다.

선물할 때의 나의 마음은 어땠는지 적어 봅시다.


Ⅲ. 긍정적 심리학을 적용한 원예치료 프로그램의 실제

## ● 프로그램: 수경재배

**치료목적**: 생명에 대한 기대감과 책임감, 자신감 향상을 통해 미래에
대한 긍정적 정서 형성

**활동재료**

- 주요 소재: 식물
- 부소재: 투명용기, 색깔 돌, 미니토분, 네임펜, 색지, 관찰일지, 필기
  도구 등

**활동시간**: 1시간 30분

**활동방법**

- 준비한 식물을 나눈다.
- 식물의 흙을 털어낸다.
- 뿌리가 다치지 않도록 주의하며 깨끗이 씻는다.
- 식물의 뿌리, 줄기, 잎 등을 자세히 관찰하며 일지에 꼼꼼히 기록한다.
- 투명용기에 색깔 돌을 채운다.
- 미니토분에 식물을 심고 용기 안에 넣는다.
- 물을 채운다.
- 색지에 제목, 식물 이름, 만든 날짜 등을 적어 용기에 붙인다.


아동의 창의성 발달을 위한 긍정적 원예치료

유의점

- 수경재배가 가능한 식물을 준비한다.
- 투명용기는 유리용기보다 투명 컵이나 페트병 등 생활에서 쉽게 구할 수 있는 재활용품을 이용하는 것이 더욱 좋다.
- 가벼운 용기의 경우 색깔 돌을 적절하게 넣어 무게중심을 잡아 준다.
- 뿌리가 다치지 않도록 조심해서 씻도록 한다.
- 수돗물의 경우 하루 정도 받아 놓은 후 사용하는 것이 좋다.
- 용기는 하루 전 살균해 두도록 하며 완전히 건조시킨 후 사용하는 것이 좋다.
- 흙을 사용하지 않아 지지력이 없으므로 색깔 돌, 유리구슬 등을 용기 속에 채워서 줄기나 뿌리를 고정시켜 주는 것이 좋다.
- 수생식물, 작은 물고기 등을 준비해서 아쿠아리움(식물과 함께 물을 붓고 관상용 물고기를 놓아 키우는 것)을 만들어도 좋다.


내 용

치료사: 식물은 흙이 없으면 살 수 있을까요?

아  동: 흙이 없으면 죽어요.

아  동: 살기 힘들어요.

아  동: 사막에서도 살 수 있어요.

아  동: 물속에 담겨 있어도 살 수 있어요. 본 적이 있어요.

치료사: 물을 좋아하는 식물은 물에서도 살 수 있어요. 선생님이 준비해 온 식물은 물을 좋아해서 물속에서도 잘 살아갈 수 있답니다. 그럼 흙을 털어내고 깨끗하게 씻은 다음 식물의 형태 등을



Ⅲ. 긍정적 심리학을 적용한 원예치료 프로그램의 실제

관찰하고 예쁜 색깔 돌을 이용해서 만들어 보도록 해요.

치료사: 뿌리에 있는 흙을 깨끗하게 씻는데 마구 비비거나 때리면 뿌리가 다치게 돼요. 뿌리를 마구 때리면 식물은 어떤 기분을 느낄까요?

아  동: 때리면 짜증나요. 저도 누가 때리면 화가 나요.

아  동: 뿌리가 없으면 식물이 죽으니깐 조심해야 돼요.

아  동: 식물도 아파할 것 같아요.

치료사: 맞아요. 우리도 누군가 툭툭 치면 기분이 나쁘거나 아픈 것처럼 식물도 스트레스를 받거나 아파해서 잘 자라기 힘드니까 조심해서 뿌리가 다치지 않도록 조심해서 씻도록 합니다.

수경재배

작은 물고기를 넣은 아쿠아리움

**덧붙이기**: 수경재배는 흙을 사용하지 않고 물로 식물을 기르는 것을 말한다. 따라서 식물이 흙에 의지하게 되는 일반적인 식물 기르기와는 구분되므로 아동의 호기심을 자극하게 되는 동시에 식물의 뿌리가 흙 밖으로 나와 있어 불안정한 느낌을 받게 되기도 한다. 뿌리의 흙을 털어내며 식물 전체를 직접 만지게 되는데 이 과정에서 생명을 다룰 때는 조심스럽고 신중하게 다루어야 함을 인식할 수 있도록 돕는다. 그리고 식물 전체가 노출되어 있는 상태에서 식물의 느낌을 대신 느껴 보는 과정을 얘기함으로써 공감하며 자신이 가진 신체적, 심리적 불안감에 대해서도 긍정적인 표출을 할 수 있는 기회를 제공하는 것이 좋다.


## ● 프로그램: 테라리움 만들기(투명 용기 속 작은 지구 만들기)

**치료목적**: 생명에 대한 기대감과 책임감 그리고 자신감 향상을 통해 미래에 대한 긍정적 정서 형성


### 활동재료
- 주요 소재: 식물
- 부소재: 배양토, 유리화기(또는 페트병과 같은 투명 용기 재활용품), 숯, 하이드로볼, 색깔 돌, 리본, 이끼, 가위, 유리테이프, 네임 펜, 숟가락, 기록지, 필기도구 등


**활동시간**: 1시간 30분

**활동방법**

- 페트병의 1/3 지점을 2㎝ 남겨두고 자른다.
- 하이드로볼과 색깔 돌을 이용하여 배수 층을 만들어 물 빠짐에 도움
  이 되도록 한다.
- 배양토를 1㎝ 정도 채운 후 숯을 넣는다.
- 식물을 보기 좋게 넣고 배양토를 채운다.
- 배양토가 보이지 않게 이끼로 덮는다.
- 유리 테이프로 페트병의 잘려진 부분을 붙인다.
- 식물의 이름과 날짜 등을 적어 페트병에 붙인다.
- 리본 등으로 장식한다.
- 페트병 마개를 닫은 상태에서도 식물이 살 수 있는 원리를 설명하고
  물 주는 방법 등을 설명한다.


**유의점**

- 색깔 돌, 하이드로볼 등을 옮길 때 숟가락을 이용하도록 하여 집중력
  에 도움이 되도록 한다.
- 식물은 비슷한 환경조건(광, 온도, 습도 등)에서 자라는 것으로 심어
  야 한다.
- 서로 도와 가며 한 명씩 순서를 지키며 천천히 할 수 있도록 한다.
- 페트병을 자르는 것은 위험할 수 있으므로 직접 잘라 가도록 한다.
- 용기(페트병)는 심기 하루 전에 살균해 두도록 하며 완전히 건조시키
  는 것이 좋다.
- 배양토는 공기유통이 잘 되어야 하며 가볍고 소독이 잘된 것을 이용한다.


아동의 창의성 발달을 위한 긍정적 원예치료

- 식물식재 후 분무기로 식물과 페트병의 흙을 씻으며 물을 주고 일주일 정도 뚜껑을 열어 둔다.
- 물의 순환과 산소순환 원리는 아동의 학년이나 이해 수준에 맞추어 설명한다.
- 식재한 후에는 한동안 음지에 두어 식물이 적응할 수 있도록 한다.


## 내 용

치료사: 친구가 도와주니 어땠나요?

아  동: 더 쉬웠어요. 뚜껑이 덜렁거려서 잡아 주지 않으면 힘들어요.

아  동: 숟가락으로 색깔 돌을 옮길 때 흔들흔들 거려서 힘들었는데 친구가 뚜껑을 잡아 줘서 쉽게 넣을 수 있었어요.

치료사: 물을 주었으니 페트병 마개를 닫습니다.

아  동: 페트병 마개를 닫으면 식물이 숨을 쉬지 못해요.

아  동: 식물이 살 수 있어요? 죽으면 어떻게 해요?

아  동: 공기가 들어갈 수 없으니깐 식물이 살기 힘들 것 같아요.

치료사: 여러분이 물도 주었기 때문에 페트병 마개를 닫아도 식물이 잘 살 수 있답니다. 페트병 마개를 닫았는데도 어떻게 식물이 살 수 있을까요?

아  동: 페트병 속에 공기가 있어요. 흙도 있고 물도 있어서 살 수는 있을 것 같아요.

치료사: 물을 주면 물이 어디로 갈까요?

아  동: 흙 속으로 들어가요.

아  동: 페트병 안에 있어요.


Ⅲ. 긍정적 심리학을 적용한 원예치료 프로그램의 실제

치료사: 맞아요. 식물에게 준 물이 흙 속으로 들어갔죠? 시간이 지나면
　　　　물이 어떻게 될까요?

아　동: 식물이 먹어요.

아　동: 뿌리로 물을 빨아 당겨요.

치료사: 맞아요. 흙 속에 있는 물을 식물은 뿌리를 통해서 흡수해서 줄
　　　　기를 통해 잎 곳곳마다 다 전해 줍니다. 그럼 식물은 투명한
　　　　페트병 사이로 빛을 받아서 낮에는 광합성을 하며 산소를 배출
　　　　하고 밤에는 호흡을 하며 이산화탄소를 내뿜어요. 그리고 증발
　　　　을 통해 물은 위로 올라가고 페트병 윗부분에 맺혀요. 무거워
　　　　지면 다시 물이 되어 떨어져서 흙 속으로 들어갑니다. 이렇게
　　　　순환하게 돼요. 페트병이 이렇게 작지만 작은 지구와 똑같다고
　　　　할 수 있어요.

서로 도와주기　　　　　　　　　　　　　　색깔 돌 채우기


아동의 창의성 발달을 위한 긍정적 원예치료

페트병 테라리움

다양한 테라리움

　**덧붙이기**: 페트병 테라리움은 밀폐용기에 식물을 기르는 방법으로 아동의 호기심을 자극하게 되며 식물관리가 상대적으로 용이하여 프로그램 초기에 전 연령을 대상으로 실시할 수 있다는 장점이 있다. 용기 하단 부분은 막혀 있으므로 습기에 강한 실내식물을 이용하는 것이 가장 좋으며 그 외 선인장, 다육식물 등을 심을 경우 식물 생육 조건에 맞추어 재료를 사용하게 되면 무리 없이 만들 수 있다.

　식물 기르기의 경우 새싹 채소를 제외하면 오랫동안 꾸준한 관리를 필요로 하게 되며 광조건, 물 주기 등 세심한 주의가 필요하다. 그러나 테라리움은 자주 돌보지 않아도 오랫동안 초기 형태를 유지할 수 있으므로


Ⅲ. 긍정적 심리학을 적용한 원예치료 프로그램의 실제

쉽게 포기하거나 빠르게 흥미를 잃게 되어 꾸준한 관리가 어려운 아동에게 치료사가 안심하고 실시할 수 있다. 따라서 오히려 실패와 부정적인 경험이 많은 아동에게 긍정적인 경험을 통해 자신감을 심어 줄 수 있다는 장점이 있다. 또한 기르는 과정에서 자연스러운 관찰을 통해 물의 순환, 산소순환과 같은 원리를 손쉽게 이해할 수 있어 선행학습은 물론 과학에 대한 호기심을 자극하여 학습에 대한 동기부여를 줄 수 있다.

## ◉ 프로그램: 꽃 손수건 만들기

**치료목적**: 긍정적 표현을 통한 긍정적 자아 형성

**활동재료**
- 주요 소재: 꽃
- 부소재: 면 손수건(또는 도화지 이용 가능), 나무젓가락, 비닐, 필기도구 등

**활동시간**: 1시간 30분

**활동방법**
- 꽃의 향기, 색상, 촉감 등 오감을 중심으로 느낀 점을 적는다.
- 느낌 점을 자유롭게 발표해 본다.
- 내부 관찰을 하며 꽃잎을 분리한다.


아동의 창의성 발달을 위한 긍정적 원예치료

- 분리한 꽃잎을 자유롭게 날리며 기분을 말한다.
- 손수건에 꽃잎 물들이는 방법을 설명한다.
- 손수건을 도화지라 생각하고 꽃을 두드리고 찧는 방법으로 손수건을
  장식한다.
- 완성한 후 제목과 느낌을 적고 발표한다.


**유의점**

- 꽃을 찧고 두드리는 활동을 통해 마음껏 에너지를 표출하도록 한다.
- 꽃잎을 직접 손으로 하나씩 분리하도록 지도한다.
- 신문지나 천을 두껍게 깔아 꽃을 두드릴 때의 소음을 다소 낮출 수
  있는 환경을 만들어 주는 것이 좋다.
- 꽃의 향기, 색상, 촉감 등 복합적인 감각을 깨울 수 있도록 여유를
  준다.


**내 용**

치료사: 장미꽃도 색상이 다양하죠? 색상별로 어떤 향이 나는지 그리고
　　　　촉감은 어떤지 한번 관찰해 봐요.
치료사: 지금까지는 꽃을 그대로 사용했는데 오늘은 꽃잎을 하나하나씩
　　　　떼서 만들 거예요. 자, 꽃잎을 분리해 봐요.
아　동: 아까워요.
아　동: 장미꽃이 아파할 것 같아요.
아　동: 마음이 아파요.
치료사: 예쁜 장미를 떼어내면 마음이 아플 것 같지만 꽃잎을 떼어내서


Ⅲ. 긍정적 심리학을 적용한 원예치료 프로그램의 실제

내부관찰도 하고 재미있는 놀이도 할 수 있으며 손수건에 물을 들여서 작품도 만들기 때문에 오늘만큼은 장미꽃에 미안해하지 말아요. 그 대신 세상에 하나밖에 없는 나만의 창의적인 멋진 작품을 만들어 보도록 해요.

치료사: 장미꽃 내부가 어떻게 생겼나요?

치료사: 꽃잎을 손으로 만졌을 때의 느낌이 어떤가요?

치료사: 우리 꽃잎을 하늘로 던져 봐요.

아　동: 꽃눈이 오는 것 같아요.

아　동: 예뻐요.

아　동: 선생님, 사진 찍고 싶어요.

아　동: 재미있어요. 눈 같아요.

치료사: 손수건에 꽃잎을 찧거나 빻아서 만들고 싶은 모양을 만들도록 해요. 두드릴 때는 소리가 나겠지만 오늘만큼은 소리를 신경 쓰지 말고 마음껏 두드리도록 해요. 평소 스트레스가 많았다면 힘껏 두드리면서 스트레스를 날려 보도록 해요.

아　동: 재미있어요.

아　동: 속이 시원해요.

아　동: 꽃잎 색깔보다 조금 연하게 물이 들어요.

아　동: 잎을 문지르면 녹색이 나와요.

꽃잎 찍기

꽃 손수건

　**덧붙이기**: 꽃잎을 만지고 던지며 느껴지는 대로 마음껏 표현할 수 있도록 여유를 주는 것이 좋다. 형태를 유지하지 않고 꽃잎을 떼어내거나 찢는 것을 통해 억압된 형태에서 벗어나는 경험을 하게 되며 이를 통해 자신의 감정을 표출하며 기분전환을 할 수 있다. 실내에서도 정적인 활동에서 벗어나 꽃잎을 떼고 던지고 두드리는 등의 신체적인 활동이 가능하게 되며 이를 통해 카타르시스를 느낄 수 있다.

# 2. 아동의 부모자녀관계 향상을 위한 원예치료 프로그램

● 프로그램: 꽃과 친해지기(심리게임을 통해 자신에게 소중한 사람을 되돌아보고 꽃을 선물하기)

**치료목적**: 가족의 소중함 알기, 가족에게 꽃을 선물하면서 마음 표현하기, 가족과 의사소통 기회 증대

**활동재료**
- 주요 소재: 꽃(국화 등 향기가 진한 꽃을 선택한다)
- 부소재: 라피아, 가위, A4용지, 필기도구

**활동시간**: 1시간 30분

**활동방법**:
- A4용지를 8등분하여 접은 후 자른다.
- '나의 가장 소중한 것'을 떠올려 보며 1장에 1개씩 각각 적도록 한다(사람, 물건, 추상적인 것 모두 가능하다).
- 하나씩 버리는 놀이를 통해 최후에 남는 나의 가장 소중한 것이 무엇인지 알아본다.
- 소중한 것에서 가장 많이 나타나는 부모, 형제와 같은 가족에 대해 언급하며 자신이 얼마나 가족을 사랑하는지 느낄 수 있는 시간을 준

다(사랑하는만큼 표현은 자유로웠는가를 떠올려 보도록 한다).

- 꽃의 향기를 맡아 보고 어떤 향기가 느껴지는지 얘기해 본다.
- 꽃의 전설, 꽃말 등을 얘기하여 꽃에 대한 흥미와 친근감을 느낄 수 있도록 한다.
- 꽃을 간단히 라피아로 묶는다.
- 가족 또는 가족 구성원 누구에게 선물할지 적은 후 어떤 사랑의 메시지를 전달하고 선물할지 기록해 본다.

**유의점**

- 가족을 떠올리면서 느꼈던 가족의 소중함에 대한 마음을 격려하며 기록해 보도록 한다.
- 아동의 경우 연예인의 이름을 적는 경우가 많으므로 가급적 연예인은 제한하도록 한다.

**내 용**

치료사: 나에게 가장 소중한 것을 적었나요? 무엇을 적었는지 발표해 볼까요?

아　동: 가족이 가장 소중해요.

아　동: 엄마, 아빠요.

아　동: 동생이 소중해요.

아　동: 휴대폰, 컴퓨터, 집, 돈, 자연, 공기, 물, 음식, 공부 등등……

치료사: 그럼 하나씩 버리면서 가장 소중한 것을 찾아볼까요? 가장 마지막에 남은 소중한 것을 하나, 둘, 셋 하면 동시에 크게 얘기


Ⅲ. 긍정적 심리학을 적용한 원예치료 프로그램의 실제

해요. 하나, 둘, 셋!

아  동: 가족이요.

아  동: 엄마

아  동: 아빠

아  동: 동생

치료사: 우리에게 소중한 것이 참으로 많아요. 소중한 것은 개인마다 다를
         수 있는데 우리 모두에게 공통적으로 소중한 것이 있어요. 뭘까요?

아  동: 가족이요.

아  동: 가족이 없으면 안 돼요.


**덧붙이기**: 가족 구성원 간에 심리적 유대관계가 적거나 애착이 낮을 경
우 적극적, 능동적, 긍정적인 의사소통에 어려움을 겪게 된다. 이와 같은
경우 아동은 가족 또는 특정 가족 구성원에게 양가감정이나 적대감을 가
지고 있을 가능성이 높다. '나에게 소중한 것'의 목록에서 가족을 적지
않았거나 또는 가족보다는 물건에 우선순위를 주게 되는 경우 관계 형성
개선이 필요함을 이해할 수 있다.


치료사: 맞아요. 우리에게 제일 소중한 건 가족이에요. 여러분은 가장 소
         중한 가족에게 평소 사랑한다고 얼마나 이야기하고 지내나요?
         지금처럼 가족을 사랑하는 여러분 마음을 많이 표현할수록 사
         랑하는 마음도 깊어지고 가족과 더 친해질 수 있어요. 오늘은
         집에 가서 꼭 사랑한다고 말하며 꽃을 선물해요. 자신 있나요?

아  동: 네.


아동의 창의성 발달을 위한 긍정적 원예치료

아　동: 안아 드릴 거예요.

아　동: 안마도 해 드릴 거예요.

치료사: 궁금한 것을 질문해 봐요.

아　동: 물은 언제 주나요?

아　동: 물은 어떻게 주나요?

아　동: 꽃이 얼마나 살 수 있어요?

아　동: 꽃이 더 크게 자라나요?

치료사: 꽃이 어떻게 됐나요? 꽃 선물 잘했나요?

아　동: 아빠가 웬 꽃이냐고 물어서 선생님과 함께 만들었다고 했더니
　　　　예쁘다고 하셨어요. 선생님께도 고맙다고 전해달라고 했어요.

아　동: 꽃에 물을 주고 사랑한다고 얘기했어요.

아　동: 물을 줬는데 꽃이 더 커졌어요.


**덧붙이기**: 사랑을 자주 표현하는 것은 부모 자녀 간에 좋은 관계를 위한 가장 좋은 방법이다. 가족과 함께 프로그램을 하지 못할 경우 의사소통의 매개로 원예를 이용하고 프로그램 초기에는 꽃을 이용하면 더욱 좋다. 이때 꽃을 선물하면서 '사랑해요'와 같이 적극적으로 의사소통할 수 있도록 격려하는 것이 무엇보다 중요하다.


## ● 프로그램: 꽃으로 우리 가족 표현하기

**치료목적**: 가족의 소중함 알기, 결과물을 가족과 공유를 통해 의사소통
　　　　　기회 증대

## 활동재료

- 주요 소재: 꽃(장미)
- 부소재: 꽃바구니, 플로랄폼, 가위, 필기도구, 편지지 & 편지봉투 등

## 활동시간: 1시간 30분

## 활동방법

- '사랑'의 의미를 담은 꽃말을 얘기하며 흥미를 높인다.
- 자신을 포함한 가족의 수만큼 꽃을 가져온다.
- 꽃 얼굴을 보며 자신과 가족과 닮은 꽃을 선택한다.
- 가족을 의인화하여 꽂는다.
- 종이에 꽃을 꽂는 모양을 간단하게 그린 후 소감을 적는다.
- 완성한 작품을 보며 나를 포함한 우리 가족을 친구들에게 소개한다.
- 가족 또는 가족 구성원 누구에게 선물할지 적은 후 어떤 사랑의 메시지를 전달하고 선물할지 기록해 본다.

## 유의점

- 손이 다치지 않도록 꽃이 자신을 보도록 잡고 가위로 자르도록 한다.
- 꽃의 향기와 질감, 가위로 가지를 자를 때 어떤 느낌인지 그리고 그 느낌을 천천히 느끼면서 자를 수 있도록 충분한 시간을 준다.
- 부모님에 대한 긍정적인 마음을 편지로 표현하도록 격려한다.
- 사랑의 메시지를 담은 언어 표현을 하면서 선물하도록 한다.
- 다음 회기에 선물하면서 어떤 태도와 언어로 말했으며 받은 사람의


아동의 창의성 발달을 위한 긍정적 원예치료

반응과 그때 자신의 기분을 기록해서 가져오도록 하면 더욱 좋다.


## 내 용

치료사: 장미의 꽃말이 사랑이에요. 사랑하는 가족을 떠올리며 꽃을 꽂
아 보도록 해요.

치료사: 그 꽃이 가족들과 닮은 점이 어떤 건가요?

아　동: 꽃잎 끝이 튀어나와 있는 것이 뾰로통한 제 입이랑 닮았어요.

아　동: 여기 이것이(꽃받침) 뿔처럼 보여서 늘 화나 있는 동생이랑 닮
았어요.

아　동: 이 꽃이 키가 제일 커서 우리 아빠예요. 아빠가 우리 집에서 키
가 제일 커요.

아　동: 제가 제일 소중하니까 가장 크고 화려하게 핀 꽃을 할래요.

아　동: 우리 강아지도 있어요. 제일 작은 이 꽃이 강아지에요.

치료사: 가족을 떠올리며 만든 작품을 선물할 때 어떤 말을 하며 전달
하면 좋을까요?

아　동: '엄마 사랑해요'라고 말하면서 드려요.

아　동: '우리 가족 생각하며 직접 만들었어요'라고 말하면 되요.

아　동: 모두 다 볼 수 있는 거실에 두고 볼래요.

치료사: 사랑하는 마음을 담은 예쁜 꽃 화분을 가족에게 선물했나요?
그때 기분은 어땠나요?

아　동: 엄마가 정말 제가 직접 만들었냐고 물어보면서 너무 잘 만들었
다며 칭찬해 주셨어요. 기분이 너무 좋았어요.

아　동: 집에 가져가서 식탁 위에 올려놨는데 '누가 만들었어?'라며 물


Ⅲ. 긍정적 심리학을 적용한 원예치료 프로그램의 실제

어봤어요. 제가 만들었다고 했더니 '잘했어'라고 했어요.

아  동: 언니에게 '공부할 때 이거 보면서 힘내'라고 말하며 선물했어요.
언니가 정말 고맙다고 했어요. 저녁 먹을 때는 식탁에 올려놓
고 먹었어요. 다음에는 동생한테 줄 것도 만들고 싶어요.

아  동: '아들! 고맙고 사랑한다'라고 적힌 쪽지를 받았어요.

완성작품

10세 남아의 그림 일지                        8살 여아의 그림 일지



아동의 창의성 발달을 위한 긍정적 원예치료

**덧붙이기**: 꽃을 지칭하여 이야기함으로써 아동은 자신의 마음을 보다 편안한 상태에서 솔직하게 드러낼 수 있으며 치료사는 가족 구성원에 따라 선택한 꽃의 형태나 색상, 꽃을 꽂은 위치 등에 따라 아동과 가족 구성원 간의 심리적인 거리를 알 수 있다. 현재의 가족에 대한 아동의 마음을 읽어 주고 아동이 바라는 우리 가족 모습을 담아 다시 꽂아 보는 작업을 해 보도록 한다. 그리고 긍정적인 가족의 변화를 위해 어떤 노력과 역할을 하면 좋을지에 대해 알아보며 관계 형성을 위해 긍정적이고 적극적으로 표현할 수 있도록 지지한다.

## ◉ 프로그램: 포푸리 주머니로 웃는 얼굴 만들기

**치료목적**: 웃는 얼굴이 주는 장점을 생각하며 가족들과의 대화에서 자신의 표정 만들기

### 활동재료

- 주요 소재: 아로마(아동들이 좋아하는 상큼한 향기가 나는 포푸리를 준비한다)
- 부소재: 포푸리 주머니, 조화, 가위, 글루건, 글루, 필기도구, 장식용품 등

**활동시간**: 1시간 30분

**활동방법**

- 꽃향기가 나는 포푸리를 준비하여 향기를 맡아 보고 언어로 느낌을 표현해 본다.
- 포푸리 향의 이름을 얘기하며 향기를 맡아 보도록 한다.
- 좋은 향기를 맡고 그 느낌을 얼굴표정으로 표현해 본다.
- 친구와 마주 보며 그 표정이 어떻게 보이는지 얘기해 본다.
- 평소 자신의 표정을 친구와 지어 보이며 그 느낌을 얘기해 본다.
- 표정이 말하는 비언어적인 메시지를 강조하며 웃는 얼굴의 장점을 얘기한다.
- 주머니에 포푸리를 담고 자신의 웃는 얼굴을 생각하며 다양한 재료를 이용하여 자유롭게 표현한다.
- 가족 구성원들의 대표적인 표정을 떠올려 본다.
- 완성품을 누구에게, 어떻게 선물할지 정하고 가족을 생각하며 편지를 쓴다.
- 포푸리의 웃는 얼굴처럼 웃으며 가족에게 선물하고, 그때 가족의 웃는 얼굴이 주는 느낌이 어떤지 적어 보도록 한다.

**유의점**

- 아동의 경우 너무 강한 향은 거북스러워할 수 있으므로 실내에서 실시할 경우 환기를 시킨다.
- 아동들이 좋아하는 레몬, 장미와 같은 달콤한 향을 준비하면 좋다.
- 가족을 회상할 때 긍정적인 표정을 떠올릴 수 있도록 지지한다.
- 글루건 등을 사용할 때 안전에 주의한다.


아동의 창의성 발달을 위한 긍정적 원예치료

- 가능한 자연소재를 사용할 수 있도록 재료를 준비한다.


**내  용**

치료사: 나의 평소 표정이 어떤지 지어 볼까요.

아  동: 그냥 아무 표정 없이 가만히 있어요.

아  동: 웃어요.

아  동: 가만히 있으면 화난 표정 같아요.

치료사: 맞아요. 그럼 이렇게 아무 표정 없을 때와 이렇게 웃을 때 어
        떻게 보여요?

아  동: 웃는 얼굴이 예뻐요.

아  동: 많이 웃어야 돼요.

아  동: 저는 잘 웃어요.

아  동: 맞아요. ○○이는 잘 웃어요.

치료사: 웃는 친구 얼굴을 보면 기분이 어때요?

아  동: 웃겨요.

아  동: 좋은 일 있나 물어봐요.

아  동: 저도 잘 웃는데 웃으면 기분이 좋아요.

치료사: 선생님도 이렇게 잘 웃어요. 자, 우리 모두 오른쪽에 앉아 있는
        친구의 어깨를 토닥토닥 두드려 볼까요? 자, 그럼 반대로 돌아
        서도 토닥토닥 두드려 봐요. 다시 이번에는 오른쪽에 앉아 있
        는 친구를 두 손으로 간질간질해서 간지럼을 피워 봐요.

아  동: 모두 웃는다.

치료사: 웃으니까 어때요? 웃으니까 우리 모두 기분이 좋지요? 얼굴을


Ⅲ. 긍정적 심리학을 적용한 원예치료 프로그램의 실제

찡그리고 있으면 화가 났을까, 어디 아픈 것일까 하고 생각이 들어서 걱정이 되기도 해요. 그래서 우리의 얼굴표정이 매우 중요해요. 서로 많이 웃어 주고 예쁜 표정을 지으면 더 행복해 질 수 있어요. 그렇겠죠? 그럼 지금 웃고 있는 이 표정을 오늘 한번 만들어 보기로 해요!

아  동: 네.

치료사: 지난주에 만든 포푸리 주머니는 어떻게 했나요? 웃는 얼굴로 선
        물 드렸나요?

아  동: 예쁘다고 했어요. 향기가 좋아서 아빠 차에 뒀어요.

아  동: 엄마가 화장실에 두셨어요.

아  동: 엄마 자동차에 넣었는데 한 개 더 만들어서 아빠 차에도 넣을
        수 있도록 했으면 좋겠어요.

아  동: 웃는 얼굴이 저랑 닮았다고 했어요.

웃는 얼굴 포푸리


아동의 창의성 발달을 위한 긍정적 원예치료

**덧붙이기**: 적극적인 의사소통을 위해 정확한 어휘사용과 더불어 음조, 신체언어(제스처, 마주 선 거리, 시선, 얼굴 표정 등)와 같은 비언어도 중요하게 작용한다. 얼굴표정이나 행동이 일치하지 않은 경우 상대방으로 하여금 혼란을 주게 되어 전달하고자 하는 메시지의 효과는 떨어지게 된다. 특히 가족들과 나누는 대화는 감정을 포함하는 경우가 많아 얼굴표정과 같은 비언어가 중요하다. 부정적인 표정은 상대방의 마음을 닫게 하는 경우가 많으며 웃는 얼굴로 대할 경우 소통이 원활해지며 긍정적인 느낌을 받게 된다. 따라서 아동에게 웃는 얼굴로 가족과 함께 소통할 수 있도록 지지하는 것이 좋다.


## ● 프로그램: 압화 엽서(카드)를 통해 마음 표현하기

**치료목적**: 가족과의 적극적인 의사소통의 기회와 마음 표현하기를 위해 예쁜 압화 엽서를 만들어 언어를 통하여 마음 표현하기


**활동재료**
- 주요 소재: 압화
- 부소재: 눌린 꽃(압화), 엽서(카드), 핀셋, 풀, 시트지, 필기도구, 가위 등


**활동시간**: 1시간 30분

**활동방법**

- 다양한 꽃을 눌러서 만든 압화를 보여 주며 호기심을 자극한다.
- 압화의 원리 등을 간단히 설명한다.
- 예쁜 압화에 사랑을 담은 편지를 쓸 것이라고 알린다.
- 눈을 감고 사랑하는 사람을 떠올려 본다.
- 디자인을 정한 후 엽서를 압화로 장식한다.
- 사랑하는 사람에게 편지를 쓴다.
- 시트지로 마감하고 주소를 적는다.
- 발표 후 우체통에 넣도록 한다(또는 직접 전한다).

**유의점**

- 압화에 대한 설명은 아동들이 관찰하도록 시간을 두고 질문에 답하는 형식으로 한다.
- 편지를 가족 전체 또는 가족 구성원 중 누구에게 쓸 것인지를 먼저 정하도록 한다.
- 편지내용은 가급적 자신의 마음을 솔직하게 적되 긍정적인 언어로 소통할 수 있도록 지지한다.
- 답장을 받을 수 있도록 답장을 유도하는 글을 적어도 좋다.
- 편지 또는 답장을 비밀로 하고 싶을 경우는 발표를 강요하지 않는다.

**내 용**

치료사: 우리는 말이나 글로 서로의 이야기를 주고받으며 마음을 나누는데 직접 말로 하는 것도 좋지만 글로 적을 경우 좀 더 특별하

게 느껴지기도 해요. 가족들과 편지를 주고받은 경험이 있나요?

아  동: 어버이날 때마다 학교에서 부모님께 편지 썼어요. 그런데 엄마는 답장을 가끔 해 주시는데 아빠는 한 번도 안 주셨어요.

치료사: 그랬구나. 아버지의 답장을 받고 싶었는데 못 받아서 섭섭했었구나. 그럼 이번에 아버지께 편지를 쓰고 답장을 받아 보면 어떨까? 답장을 받고 싶다는 얘기도 함께 쓰면 마음이 전달되어 편지를 써 주실 것 같은 생각이 들어요. 그럼 만들어 볼까요?

아  동: 좋아요.

치료사: 예쁜 꽃으로 장식한 엽서에 편지를 쓴 다음 가족들에게 전달할 예정입니다. 우리 가족 한 명 한 명을 떠올려 보고 평소 '사랑한다'고 얘기하고 싶은데 쑥스러워서 이야기 못 했다든가 내가 힘들 때 도와주고 돌봐주었는데 그때 '고맙다'는 얘기를 못 했던 기억이 있는지 생각해 보도록 해요.

아  동: 감기 걸렸을 때 엄마가 죽도 끓여 주시고 같이 병원도 갔었는데 그때가 고마웠어요.

치료사: 직접 만든 세상에 하나뿐인 압화 엽서에 예쁜 마음을 담아서 보내기 때문에 사랑이 더 크게 전달될 것 같아요. 사랑의 편지를 누구에게 썼나요?

아  동: 엄마요.

아  동: 저는 아빠에게 썼어요.

아  동: 부모님께 썼어요.

아  동: '저를 태어나게 해 주셔서 고맙습니다. 그리고 말 안 들어서 죄



Ⅲ. 긍정적 심리학을 적용한 원예치료 프로그램의 실제

송합니다. 다음부터는 말 잘 들을게요. 사랑해요.'라고 썼어요.

아  동: 안녕하세요. 저는 ○○이에요. 어머니, 아버지 저를 낳아 주시고 길러 주셔서 감사합니다. 부모님께 감사하는 날도 있어서 좋은 것 같아요. 솔직히 우리가 부모님들께 효도는 못 하는 것 같아요. 대신 우리가 어머니, 아버지 일을 잘 도와 드리고 공부도 열심히 해서 기쁘게 해 드릴게요. 우리가 크면 그때 효도도 잘하고 잘 모시고 살게요.^^ 우리 때문에 힘들게 고생을 하시는 부모님들을 볼 때면 어쩌면 걱정이 될 것 같아요. 저는 행복하고 화목한 가족이면 언제나 OK. 그러니까 화목하고 건강하게 살아요. 사랑해요. 부모님을 사랑하는 ○○이가-

직접 말린 압화

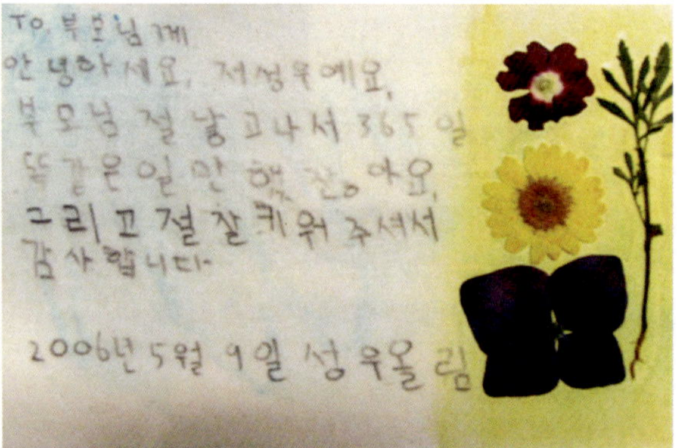

압화로 예쁜 엽서 만들기


아동의 창의성 발달을 위한 긍정적 원예치료

치료사: '사랑의 편지'는 잘 전해 드렸나요? 편지를 받은 가족들의 마
음도 무척 기뻤을 것 같아요. 편지를 어떻게 전해 드렸으며 그
때 우리 친구들 기분이 어땠는지 얘기해 봐요.

아 동: 바로 전해 드리지 못하고 다음 날 아침에 가방 메고 나와서 "엄
마, 편지 왔어요. 아빠도 꼭 읽어 봐야 돼요."라고 했어요. 엄마
가 고맙다고 안아 줘서 기분 좋았어요.

아 동: "엄마, 원예시간에 만들었는데 한번 읽어 보세요."라고 말하며
전해 드렸는데. "예쁘고 잘 만들었네. 고맙다."라고 하셨어요.
동생이 갑자기 편지를 크게 읽어서 부끄러웠는데, 그래도 좋았
어요. 동생이 진짜 꽃 아닌 것 같다며 신기하다고 했어요.

아 동: "아빠, 편지예요."라고 하며 드렸는데 "사랑해요."라고 말 못
했어요. 부끄러워서. 그런데 아빠가 고맙다고 말했어요. 답장
써 주신다고 약속했어요.

아 동: "편지 왔습니다."라고 말하며 편지 전해 드리고 바로 나왔어요.
조금 쑥스러웠거든요. 편지를 보시고 엄마가 꽃이 예쁘다며 잘
만들었다고 칭찬해 주셨고 고맙다고 했어요. 그리고 종이에 답
장도 써 주셨어요.


**덧붙이기**: 압화를 이용하여 멋진 편지를 만들었다는 성취감으로 인해
아동의 자존감이 높아질 뿐만 아니라 편지를 적어 의사소통할 수 있는
기회를 제공할 수 있다. 때때로 대화나 말보다 글로 전할 때 특별하게 다
가오기도 하므로 편지를 주고받는 것은 아동과 가족 모두에게 좋은 경험
이 된다. 그리고 편지를 전달한 아동들은 부모에게 답장을 받을 것을 기


Ⅲ. 긍정적 심리학을 적용한 원예치료 프로그램의 실제

대하게 되므로 부모에게 '부모의 편지'가 얼마나 아동에게 힘이 되는지를 알리는 것이 좋다. 아동은 답장을 통해 가장 소중한 가족으로부터 격려를 받고 인정받고 있다는 느낌을 받게 되어 이는 자존감 향상에 긍정적인 영향을 줄 것이다. 이번을 계기로 의사소통을 위해 편지를 자주 주고받게 된다면 긍정적인 관계 형성에 더욱 좋을 것이다. 이때 부모로부터 편지를 받는 것만으로도 좋지만 부모가 아동을 격려하는 방법을 알고 있다면 금상첨화가 아닐까? 부모는 아이의 마음을 읽어 주고 아동의 긍정적인 측면에 대해 격려하는 편지를 쓰는 것이 좋으며 어휘는 진실하고 구체적으로 표현하는 하는 것이 효과적이라는 것을 부모에게 알려 준다.

## ● 프로그램: 우리 가족 일정 계획표 만들어 압화로 장식하기

**치료목적**: 가족과의 적극적인 의사소통의 기회와 마음 표현하기를 위해 구체적인 일정표를 만들어 실행하기

**활동재료**
- 주요 소재: 압화
- 부소재: 눌린 꽃(압화), 색지, 핀셋, 풀, 시트지, 필기도구, 가위, 색지 등

**활동시간**: 1시간 30분

**활동방법**

- 의사소통의 다양한 방법에 대해 얘기를 나누고 적극적인 행동을 위해 계획표를 만드는 것에 대한 장점과 필요성에 대해 설명한다.
- 부모님이 나를 위해 무엇을 해 주시는지 말한다.
- 실제로 가족들을 위해 내가 하고 있는 일이 무엇인지 말해 본다.
- 평소 가족들을 위해 내가 할 수 있는 일이 어떤 일이 있는지 얘기를 나누고 적어 본다.
- 색지에 이번 달 달력을 만든 후 압화로 장식한다.
- 가족들과 함께 또는 내가 할 수 있는 간단한 일들을 구체적으로 적어 본 후 달력에 옮겨 적는다.


**유의점**

- 안마하기, 심부름하기와 같이 아동이 간단하고 쉽게 할 수 있는 긍정적인 행동들을 구체적으로 계획하도록 지도한다.
- 가족 구성원 중에서 평소 거리감이 가장 많은 대상에게 더 많이 표현하도록 지지한다.


**내 용**

치료사: 부모님은 우리를 위해 무엇을 할까요?

아  동: 맛있는 것을 만들어 주세요.

아  동: 청소도 해 줘요.

치료사: ○○이는 부모님께 사랑을 표현하기 위해 어떻게 하나요?

아  동: "메롱" 이렇게 하면 엄마, 아빠가 웃어요.

치료사: 그랬구나. 재미있는 표정을 지어서 부모님을 웃게 하는군요.

아  동: 네. 그리고 엄마가 사랑한다고 하면 저도 "사랑해요."라고 하고 아빠가 사랑한다고 하면 저도 "사랑해요."라고 답해요.

치료사: 그렇구나. 그럼 먼저 "엄마, 아빠 사랑해요."라고는 해 봤어요?

아  동: 아니요. 먼저 물어보면 대답해요.

치료사: 그럼 먼저 사랑한다고 말하는 건 어떨까요? 예를 들면 아빠가 퇴근해서 들어오실 때 인사하면서 먼저 "사랑해요."라고 말하는 거예요. 그리고 엄마에게도 웃는 얼굴로 먼저 "사랑해요." 라고 말해 보면 어떨까요?

아  동: 좋아요.

치료사: 그럼. 그 외에도 내가 부모님께 사랑을 표현할 수 있는 일이 있을까요?

아  동: 엄마가 설거지할 때 도와 드릴 수 있어요.

아  동: 아빠가 청소하는 데 도와 드려요.

치료사: 그럼 ○○이가 할 수 있는 일들을 6가지 적어서 실천해 보도록 해요. 돈이 들거나 ○○이가 실천하기 어려운 건 지키기 어려우므로 쉽게 자주 할 수 있는 일들로 적어 보도록 해요.

아  동: 1. 토닥토닥 안마하기, 2. '사랑해요'라고 마음 전하기, 3. 꼬~옥 안기, 4. 반짝반짝 내 방 청소하기, 5. 설거지 돕기, 6. 웃는 얼굴로 아침 인사 하기로 적었어요.

치료사: 평소 자주 할 수 있는데 자주 못 했던 일이라 ○○이도 마음만 있으면 쉽게 할 수 있는 것들이군요. 그럼 실천 계획표를 직접 만들어 보도록 해요.


아동의 창의성 발달을 위한 긍정적 원예치료

치료사: 실천 계획표를 만들어 보았는데 어땠나요?

아  동: 재미있었고 방에 붙여 놓고 이대로 꼭 도와 드릴 거예요.

치료사: 그럼 하이파이브하며 힘내도록 해요.

아  동: 좋아요. 파이팅!

7세 남아 작품

**덧붙이기**: 아동의 입장에서는 같은 일을 하더라도 부모의 결정을 따를 때와 스스로 결정하고 실천할 때와는 큰 차이점이 있다. 아동의 행동이 부모의 규제와 지시에 의해 일방적으로 이루어질 경우 이로 인해 대체로 아동은 좌절감, 분노와 같은 부정적인 감정을 느끼게 된다. 그러므로 때 때로 부모에게 반항하거나 무기력한 반응을 보이며 자신의 감정을 간접


Ⅲ. 긍정적 심리학을 적용한 원예치료 프로그램의 실제

적으로 표현하게 된다. 그러나 아동 스스로 자신이 할 수 있는 일을 찾아보고 또 그 일을 통해 가족을 돕는 것은 가족의 일원으로서의 뿌듯함과 강한 소속감을 갖게 되는 계기가 될 수 있다. 그러므로 이와 같이 스스로 결정할 수 있도록 지지하여 아동의 영향력을 높여 주는 것이 좋다. 구체적인 목표는 아동의 능력을 벗어나지 않으며 마음을 담아 표현할 수 있는 것으로 하여 실천 가능성을 높일 수 있도록 하는 것이 필요하다. 실천 계획표를 직접 만들어 보는 과정을 통해 스스로의 의지를 다지는 계기를 마련하고 방이나 거실에 붙여 놓고 공유함으로써 가족과의 교류를 통해 긍정적인 지지를 받을 수 있을 뿐만 아니라 스스로의 결정에 책임감을 가질 수도 있다. 압화를 이용하여 계획표를 꾸미는 것으로 이러한 과정들을 즐겁고 재미있게 느끼게 되며 막연한 생각을 정리, 계획하는 것에 대한 부담감을 덜 수 있다.

## ● 프로그램: 우리 가족 정원 만들기(디쉬가든 만들기)

**치료목적**: 가족 구성원을 생각하며 가족의 정원을 만들어 가족들과
함께 기르기

**활동재료**
- 주요 소재: 식물
- 부소재: 배양토, 디쉬, 색깔 돌, 이끼, 하이드로볼, 라벨, 네임펜, 필기
  도구 등

**활동시간**: 1시간 30분

**활동방법**

- 가족들과 함께 즐거웠던 일을 떠올려 본다.
- 우리 가족을 떠올리며 가족들과 함께 할 수 있는 예쁜 정원을 생각
  해 보도록 한다.
- 식물을 골고루 나눈다.
- 식물의 기능을 알기 쉽게 설명하며 동기부여를 한다.
- 주어진 재료로 어떤 정원을 만들지 미리 구상한다.
- 계획한 대로 식물을 배치하여 용기에 식재한다.
- 정원의 이름을 라벨에 적어 정원에 꽂는다.

**유의점**

- 가족들과 함께 보살피되 아동이 직접 만들었음을 강조하여 적극적으
  로 돌보도록 지지하여 책임감을 기를 수 있도록 한다.
- 가족들이 함께 공유할 수 있도록 공동 공간에 놓도록 지도한다.
- 디쉬가든은 실내에서 관리해야 하므로 소독된 깨끗한 토양이 좋으며
  질석, 펄라이트, 숯가루, 자갈, 마사토, 부엽토 등을 직접 섞어 배양
  토를 만들어 사용하는 것도 좋다.
- 식재할 식물은 생육환경(온도, 광선, 수분 등) 조건이 비슷한 식물을
  이용하는 것이 좋다.
- 식물을 식재한 다음 디쉬가든을 한동안 음지에 두어 활착할 수 있는
  기간을 가지는 것이 좋다.

내  용

치료사: 준비된 재료가 무엇인지 보고 만져 보고 어떤 느낌이 나는지 말해 봐요.

치료사: 우리 가족 정원에 필요한 배양토를 직접 만들어 봐요.

치료사: 우리 가족 모두가 편안하게 함께 쉴 수 있는 예쁜 정원을 만들어 보아요. 가족들이 함께 시간을 보내며 즐겁게 이야기도 나눌 수 있는 곳을 상상하며 만들어 보도록 해요.

아  동: 제목은 '우리 가족을 닮은 정원'이에요. 산호수는 키가 제일 커서 아빠 나무라고 해요. 아빠 나무는 키가 제일 커서 태풍이 오면 막아 줘요. 귀여운 핑크색이 저예요(핑크스타). 키도 작고 예뻐요. 아이비는 우리 엄마인데요. 잎 모양이 엄마 치마처럼 생겼어요. 숯은 바위예요. 그리고 중간에 파란색 색깔 돌은 연못이에요. 연못이 있어서 물고기들도 우리 가족 정원에서 함께 쉴 수 있도록 했어요.

치료사: ○○이가 사랑하는 가족들을 닮은 그런 예쁜 정원인 것 같아요. 이곳에서 함께 가족들과 좋은 시간을 보낼 수 있을 것 같은데 직접 가족들을 위한 미니 정원을 만들어 본 소감이 어떤가요?

아  동: 행복한 마음이 들었어요.

치료사: 정원에서 편히 가족들과 함께 쉰다고 상상했을 때 우리 가족들은 무엇을 하고 있을까 상상해 봐요.

아  동: 저는 물놀이를 하고 있을 것 같아요. 시원하잖아요. 도시락을 싸 와서 함께 먹으면 좋겠어요. 밖에서 먹으면 더 맛있어요.


아동의 창의성 발달을 위한 긍정적 원예치료

아빠는 쉬는 날 매일 텔레비전 앞에 있는데 여기에는 나무가
있어서 시원하고 공기가 좋으니까 건강에 좋을 것 같아요. 엄
마는 저와 같이 놀았으면 좋겠어요.

재료

배양토 만들기(흙 만지기)

우리 가족 정원

**덧붙이기**: 완성한 작품을 가족에게 보여 주었을 때 가족들의 반응을 기대하며 기꺼이 가족정원을 만들게 된다. 가족을 위해 내가 할 수 있는 것이 있다는 것에 아동은 자부심을 느낄 수 있을 것이다. 또한 '가족 정원 만들기'는 프로그램 과정 이외에도 거실과 같은 공동공간을 아름답게 장식할 뿐만 아니라 함께 관리하고 기르는 동안 긍정적인 대화를 이끌어 내는 데도 좋은 매개체가 된다.

## ● 프로그램: 모이스처 포푸리 만들기 (1)

**치료목적**: 가족과 공유, 가족과의 의사소통 기회 증대

**활동재료**

- 주요 소재: 꽃
- 부소재: 아로마 오일, 꽃소금, 용기, 랩, 고무줄, 가위, 필기도구 등

**활동시간**: 1시간 30분

**활동방법**

- 꽃의 향기, 촉감 등을 만져 보고 느낌을 얘기해 본다.
- 우리 가족의 구성원을 적고 연상되는 향기를 적어 본다.
- 이유를 발표해 본다.
- 꽃만 남기고 가지, 꽃잎 등은 모두 자른다.
- 준비한 페트병이나 용기에 꽃소금 - 꽃 - 꽃소금 순으로 넣는다.
- 공기가 들어가지 않도록 밀봉한다.
- 과정을 적고 일주일 후 어떻게 될지 예상해 본다.

**유의점**

- 미니장미와 같이 수분이 적은 꽃을 선택한다.
- 꽃소금을 아동이 손으로 직접 오래 만질 경우 따가움 등을 호소할
  수 있으므로 미리 주의하도록 지도한다.

- 아로마 향을 사용하므로 실내에서 사용할 경우 환기를 시킬 수 있도록 한다.
- 일주일 후 어떤 현상이 일어날지 얘기할 경우 아동의 학년에 맞도록 설명한다.
- 다음 회기에 아동이 결과물을 직접 가지고 올 수 있도록 하거나 치료사가 거두어 직접 가져와도 좋다.

## 내 용

치료사: 미니장미의 향기를 맡아 보고 어떤 느낌이 나는지 얘기해 보도록 해요.

아  동: 달콤해요.

아  동: 복숭아 냄새 같아요.

아  동: 새콤달콤한 것 같아요.

치료사: 맞아요. 각자의 느낌은 다르지만 틀린 건 아니에요. 미니장미에서는 달콤한 향기가 느껴지기도 하고, 복숭아 향처럼 은은한 느낌도 나고 새콤달콤한 느낌도 나는 것 같아요. 모두 기분 좋은 느낌이라는 건 알 수 있어요. 그럼 아주 많은 향기가 있는데 자신은 어떤 향기와 어울리는지 생각해 봐요.

치료사: 우리 가족들의 이름을 적은 후 각각 어떤 향기와 어울리는지 적어 보도록 해요.

아  동: 엄마는 장미 향기예요. 장미는 달콤하고 엄마가 좋아해요. 아빠는 담배 냄새가 제일 많이 나요. 저는 사탕 맛이에요.

아  동: 엄마는 커피 향기예요. 매일 아침마다 커피 마시고 저녁에도


아동의 창의성 발달을 위한 긍정적 원예치료

마셔요. 그래서 커피 냄새가 생각나요. 아빠는 아무 냄새가 안 나요. 잘 모르겠어요. 저는 레몬 향이에요. 레몬이 좋아요.

아 동: 선생님, 이건 뭐예요? 소금이에요?

아 동: 먹어 봐도 돼요?

치료사: 맞아요. 꽃소금이라고 합니다. 약간 크기가 크답니다.

치료사: 일주일 후에 어떤 변화가 일어날지 예상해 봐요.

아 동: 장미가 많이 시들 것 같다고 생각 돼요.

아 동: 다음 주에는 소금물이 되어서 장미가 둥둥 떠 있을 것 같아요.

아 동: 딱딱하게 굳을 것 같아요.

아 동: 장미가 시들시들하고 소금은 짠맛이 없어질 것 같아요.

아 동: 장미와 소금이 말라 있을 것 같습니다.

아 동: 소금이 녹을 것 같아요.

아 동: 장미는 말라 버리고 소금은 그대로지만 맛이 시큼해질 것 같아요.


**덧붙이기**: 아동들은 로즈마리와 같은 강한 향기에는 오히려 부정적인 느낌을 받을 수도 있으므로 아로마 향을 사용할 경우 희석하여 부드러운 향을 느낄 수 있도록 사용한다. 그리고 레몬과 같이 아동이 선호하는 향기를 준비하게 되면 더욱 좋다.


## ● 프로그램: 모이스처 포푸리 만들기 (2)

**치료목적**: 가족과의 공유, 가족과의 의사소통 기회 증대

**활동재료**

- 주요 소재: 꽃
- 부소재: 아로마 오일, 재활용 용기, 가위, 리본, 장식용품, 필기도구 등


**활동시간**: 1시간 30분


**활동방법**

- 밀봉을 풀고 꽃소금과 꽃을 분리한다.
- 꽃소금과 꽃의 변화를 관찰하고 발표한다.
- 변화 원인과 과학적 원리를 설명한다.
- 소금에 아로마 오일을 넣고 골고루 섞는다.
- 꽃소금, 꽃 그리고 다양한 장식용품으로 꾸민다.
- 만든 작품을 가족과 상의한 후 공동 공간에 두도록 지도한다.


**유의점**

- 꽃소금을 아동이 손으로 직접 오래 만질 경우 따가움 등을 호소할 수 있으므로 미리 주의하도록 지도한다.
- 페트병, 유리병 등을 미리 가져오도록 지도하여 가급적 재활용을 할 수 있도록 한다.
- 일어나는 과학상식을 설명할 때 아동의 학년에 맞추어 얘기하여 이해도를 높인다.
- 창의성을 발휘할 수 있도록 견본을 보여 주는 것을 피하고 장식할 때 충분한 시간을 주도록 한다.


아동의 창의성 발달을 위한 긍정적 원예치료

## 내 용

치료사: 일주일 후 어떤 점이 달라졌나요?

아  동: 지난주에 했던 것을 오늘 다시 꽃소금과 장미를 빼서 유리병에 넣고 나서 예쁘게 꾸몄어요. 꽃소금에서는 냄새가 났어요. 장미의 잎이 그대로 있었는데 지난주에서 났던 냄새와 다른 냄새가 났어요. 지난주에는 장미가 크게 보였는데 꽃소금이 수분을 빨아들여서 장미가 작아졌고 색도 진해지고 지난주보다 시들어 보였어요.

아  동: 저번 주에 했던 것을 풀어 보니 소금은 축축해졌고 장미꽃은 말라 있었어요.

아  동: 소금은 뻑뻑하고 꼭 겨울에 내려오는 눈 같았어요. 그리고 꽃은 처음엔 홍매색 장미가 진한 보라색으로 변하고 연분홍색 꽃은 진분홍색으로 변했어요. 또 먹어 보니까 치약 맛 같았어요.

아  동: 소금이 뻑뻑해졌어요.

아  동: 처음에 보았던 장미는 일주일 후에 조금 검정색이 되었어요. 소금은 만졌을 때 까칠까칠한 느낌이 들었어요. 오늘 보니까 장미는 소금이 끼어 있었어요.

아  동: 장미에는 물이 나오고 소금은 눈같이 신기했어요. 만져 보니까 보송보송한 느낌이 들었어요.

아  동: 처음에는 그대로인 줄 알았는데 부어 보니까 장미가 오그라든 것 같고 빨간색이었던 장미가 보라색으로 변했어요.

아  동: 소금의 양이 적어진 것 같고 만져 보니 처음에는 까칠까칠했는



Ⅲ. 긍정적 심리학을 적용한 원예치료 프로그램의 실제

데 지금은 조금 부드러워졌어요.

치료사: 향기를 맡았을 때 느낌이 어땠나요?

아　동: 냄새가 처음에는 좋았는데 일주일이 지나고 나서 맡아 보니까 이상했어요.

아　동: 향기가 참 좋았어요.

아　동: 지난주에는 장미 향이 달콤하고 부드러웠는데 오늘은 장미 냄새가 이상하고 시큼했어요. 귤 냄새 같아요.

아　동: 레몬 향기가 솔솔 났어요. 손으로 만져 보니까 장미 잎이 보들보들하고 소금은 손에 다 묻어 버렸어요.

아　동: 레몬 향기를 뿌리니 새콤하고 기분을 맑게 해서 그런지 기분이 맑아졌어요.

아　동: 로즈마리의 새로운 냄새를 알게 되었어요. 내 방에 놔두고 공부할 때 맡을 거예요.

치료사: 작품을 만들면서 느낀 점을 얘기해 볼까요?

아　동: 장미와 꽃소금을 이용해서 포푸리 만들기를 해 보았는데 힘들지 않았고 너무 재미있었어요. 그리고 신기하기도 했어요.

아　동: 너무너무 재미있었고 보통은 가게에서 사는데 오늘 직접 만들어 보니 만드는 방법을 알게 돼서 좋았고 산 것보다도 예쁜 것 같아요.

아　동: 어떻게 만들지 생각을 조금 해 봤는데 잘된 것 같아 기분 좋아요.

아　동: 소금을 만지니까 김장을 하는 것 같은 느낌이 들었어요.

치료사: 가족들 모두 좋은 향을 맡을 수 있도록 직접 만들어서 가져갔는데 가족들의 반응은 어땠나요? 그리고 가족들과 상의하여 완



아동의 창의성 발달을 위한 긍정적 원예치료

성한 포푸리를 적당한 장소에 놓아두었나요?

아  동: 동생이 신기하다고 했어요.

아  동: 고맙다고 했어요.

아  동: 엄마가 거실 텔레비전 위에 놓아두었어요.

아  동: 화장실에 넣어 둬서 들어가면 좋은 향기가 나요.

아  동: 향기가 좋다고 했어요.

일주일 후

완성한 포푸리

**덧붙이기**: 천연포푸리를 직접 만들어 봄으로써 아동들은 포푸리와 꽃소
금에서 일어나는 반응들을 관찰하며 관심을 갖고 집중을 하게 된다. 이러
한 경험을 가족들에게 설명함으로써 긍정적인 관심을 받게 되는데 이러
한 아동의 긍정적인 모습에 대해 적극적인 반응과 칭찬을 하면 긍정적인
행동을 더욱 촉진시킬 수 있다.

<h1 align="center">관 찰 일 지</h1>

이름:

---

모이스처 포푸리 만든 과정을 적어 보세요.

---

꽃향기를 맡았을 때 느낌이 어땠나요?

---

일주일 후 달라진 점을 적어 보세요.

---

작품을 만들면서 느낀 점을 적으세요.

---

집에 둔다면 어느 곳에 두고 싶은가요?

---

그 이유를 적으세요.

---

작품에 대한 가족들의 반응이 어떨지 적어 보세요.

아동의 창의성 발달을 위한 긍정적 원예치료

# 3. 대인관계 개선을 위한 원예치료 프로그램

## ◉ 프로그램: 샌드위치 만들기

**치료목적**: 함께 만들고 다 함께 나누어 먹기를 통해 또래와의 의사소
통 기회 증대

**활동재료**

– 주요 소재: 채소(아동이 직접 기른 새싹 채소 이용)
– 부소재: 다양한 과일, 식빵, 음료, 컵, 도마, 접시, 칼, 쿠키 틀, 필기
도구 등

**활동시간**: 1시간 30분

**활동방법**

– 새싹 채소를 길러 본 소감을 적고 발표한다(새싹이 자란 모양을 그
림을 그리도록 하여도 좋다).
– 다양한 새싹 채소의 맛을 구분하여 먹어 보고 맛의 차이를 얘기해
본다.
– 새싹 채소별로 특징과 영양소에 대해 설명하여 채소의 이점을 알린다.
– 손질한 새싹 채소를 한곳에 모은다.
– 소그룹별로 나누고 샌드위치를 어떻게 만들지 의논하도록 한다.

- 각자 분담하여 재료를 손질한다.
- 샌드위치를 만드는 방법을 간략하게 설명하고 모양 틀 또는 각자 기
  존의 샌드위치와는 다르게 재미있는 모양의 샌드위치를 만들도록 격
  려한다.
- 그룹별로 발표한다.
- 함께 나누어 먹는다.
- 친구와 함께 만들어 먹어 본 소감을 적는다.


## 유의점

- 직접 길러 온 새싹 채소를 많이 이용하도록 하고 음식물을 남기지
  않도록 지도한다.
- 프로그램 전에 손을 깨끗이 씻도록 하여 위생을 철저히 한다.
- 주방 도구 사용에 안전을 기울이도록 강조한다.


## 내 용

치료사: 일주일 동안 직접 길렀던 새싹 채소를 한번 볼까요? 얼마나 자
        랐는지 궁금하네요. 새싹 채소를 길러 본 소감이 어떤가요?

아  동: 하루 지났는데 싹이 바로 났어요. 너무 신기했어요.

아  동: 이렇게 크게 자랐어요.

아  동: 매일매일 물 줬어요. 무순이 제일 크게 자랐어요.

아  동: 5일 만에 지금처럼 다 자랐어요.

아  동: 이거 먹어도 돼요?

아  동: 그냥 먹어도 돼요?


아동의 창의성 발달을 위한 긍정적 원예치료

치료사: 새싹 채소는 물로만 자라고 또 정수기 물로 깨끗하게 키웠다면
　　　　바로바로 먹어도 돼요. 해바라기, 무순 등 다양한 새싹들을 키
　　　　웠는데 맛이 어떨지 궁금하죠? 우리 한번 먹어 볼까요?

아　동: 매워요. 무순은 하나만 먹었는데도 끝 맛이 매워요.

아　동: 해바라기는 고소해요. 맛있어요.

치료사: 우리가 직접 길렀기 때문에 더 소중한 것 같아요. 그리고 몸에
　　　　좋은 비타민과 같은 영양소가 듬뿍 있기 때문에 건강에도 좋아
　　　　요. 그리고 선생님이 준비해 온 다양한 재료들도 같이 넣어서
　　　　맛있는 샌드위치를 만들어 친구들과 함께 나누어 먹도록 해요.

치료사: 직접 만들어서 친구들과 나누어 먹은 소감이 어떤가요?

아　동: 더 맛있어요.

아　동: 선생님도 함께 먹어요.

아　동: ○○이는 모양도 예쁘게 만들어서 더 맛있는 것 같아요.

아　동: ○○이는 남자인데도 샌드위치를 잘 만드는 것 같아요.

샌드위치 만들기

## ◉ 프로그램: 웃는 얼굴이 좋아요.

**치료목적**: 함께 만들어 먹기를 통해 의사소통의 기회 증대

**활동재료**

- 주요 소재: 꽃, 과일
- 부소재: 상추, 새싹 등 다양한 자연 먹을거리, 접시, 다양한 표정의
  사진, 칼, 크레파스, 잡지, 기록지, 필기도구 등

**활동시간**: 1시간 30분

**활동방법**

- 다양한 표정의 사진을 보고 표정을 따라하며 기분을 공감한다.
- 나의 기분과 같은 얼굴을 찾아본다.
- 가장 마음에 드는 표정의 사진을 선택한다(웃는 얼굴).
- 웃는 얼굴을 지으며 기분을 전환한다.
- 좋아하는 과일, 채소 등 준비한 재료를 확인한다.
- 준비한 재료로 만들어 먹을 수 있는 음식에 대해 말하는 등 자유로
  운 대화를 유도한다.
- 접시를 얼굴로 하여 주어진 재료로 행복했던 일을 상상하며 웃는 얼
  굴을 만들어 본다.


아동의 창의성 발달을 위한 긍정적 원예치료

**유의점**

- 다양한 표정의 사진을 보고 어느 정도 표정에 대해 공감하는지 알아
  본다.
- 직접 길러 온 새싹 채소를 많이 이용하도록 하고 음식물을 남기지
  않도록 지도한다.
- 프로그램 전에 손을 깨끗이 씻어 위생을 철저히 한다.
- 주방 도구 사용에 안전을 기울이도록 한다.


**내  용**

치료사: 여기 접시에는 다양한 표정의 사진이 여러 장 있어요. 하나씩 어
        떤 표정인지 알아볼까요. 여기 이 아동의 표정은 어떤 표정일까?
        (부정적인 표정에서 긍정적인 표정, 명확한 표정의 사진에서
        뚜렷하지 않은 표정의 사진 순으로 보여준다.)

아  동: 울고 있는 얼굴이에요.

치료사: 그렇군요. 선생님이 보기에도 울고 있는 것 같아요. 이 아이는
        어떤 슬픈 일이 있어서 이렇게 우는 걸까?

아  동: 친구랑 싸워서 우는 것 같아요.

아  동: 엄마에게 혼나서 우는 것 같아요.

치료사: 그렇구나. 그래서 마음이 아파서 우는 것 같군요. 그럼 이 아이
        의 표정은 어떤 표정일까요?

아  동: 화가 난 표정이에요. 찡그리고 있어요.

치료사: 그렇구나. 어떤 일이 있었는지 이 친구의 표정은 화가 난 것
        같아요. 얼굴을 잔뜩 찡그리고 있어요. 어떨 때 이런 표정이



Ⅲ. 긍정적 심리학을 적용한 원예치료 프로그램의 실제

나오는지 얘기해 볼까요?

아    동: 동생이 저를 괴롭힐 때 저도 화가 나서 이렇게(표정을 따라한
다) 돼요.

아    동: 친구들이 놀 때 저도 같이 놀자고 했는데 같이 안 놀아 줘서
화낸 적 있어요.

아    동: 엄마는 가끔 이유도 없이 화를 내요.

치료사: 우리도 화난 표정을 한번 지어 봅시다(얼굴로 표현함).

치료사: (입을 가리는 얼굴) 이 아이는 어떤 표정을 짓는 것 같아요?

아    동: 잘 모르겠어요.

아    동: 몰라요.

아    동: 어려워요.

아    동: 입을 가리고 웃는 것 같아요.

아    동: 우는 것 같아요.


**덧붙이기**: 입 모양이 보이지 않을 경우 자신의 기분이 투사되어 그 표
정에 대해 묘사할 가능성이 높다. 부모 및 또래와의 관계가 어렵거나 부
정적인 정서를 보일 경우 묘사 자체를 회피하거나 표현 자체를 어려워하
는 경향을 보이기도 한다.


치료사: (웃는 얼굴) 이 아이는 어떤 표정이죠?

아    동: 웃고 있어요.

치료사: 그렇구나. 선생님이 보기에도 활짝 웃고 있는 것 같아요. 웃는
얼굴에서 행복한 기분이라는 것이 느껴지는데 우리는 어떨 때


아동의 창의성 발달을 위한 긍정적 원예치료

이렇게 웃게 되나요?

아　동: 재미있을 때요.

아　동: 친구랑 놀 때요.

아　동: 텔레비전 볼 때 웃어요.

아　동: 칭찬받을 때요.

치료사: 지금도 웃고 있는 것을 보니 기분이 좋은 것 같아요. 선생님도 기분이 좋아서 웃게 되는데 같이 신나게 웃어 봅시다.

치료사: 자, 이 다양한 사진의 표정을 보며 표현해 보고 직접 따라 하기도 해 봤는데 이 중에서 어떤 표정이 가장 마음에 드나요?

아　동: 웃는 얼굴이요.

아　동: 미소 짓는 것도 좋아요.

치료사: 선생님도 그랬어요. 찡그린 얼굴보다는 웃는 얼굴이 좋아요. 여러분의 웃는 얼굴을 볼 때 선생님 기분도 덩달아 좋아지는 것처럼 나의 얼굴은 나의 기분뿐만 아니라 상대방의 기분까지 변화를 줄 수 있는 힘을 지니고 있어요.

아　동: 친구가 웃으면 나도 덩달아 웃게 돼요.

치료사: 그래요. 우리 오늘부터 더 많이 웃도록 해요. 그럼 가장 행복한 표정을 직접 만들어 봐요.



Ⅲ. 긍정적 심리학을 적용한 원예치료 프로그램의 실제

다양한 표정의 얼굴

웃는 얼굴

화내는 얼굴

우는 얼굴

**덧붙이기**: 또래와의 의사소통 시 아무리 정확한 어휘를 사용하더라도 얼굴표정과 같은 신체언어가 중요하게 작용을 한다. 언어와 신체언어가 맞지 않을 경우 애매모호한 메시지가 되며 전달하고자 하는 메시지의 효과가 떨어지거나 서로 오해하게 되는 경우가 종종 발생하게 된다. 따라서 평소 자신의 표정을 거울에 비추어 보거나 친구들과 다양한 표정을 따라 하며 느껴지는 느낌을 말해 보는 과정을 통해 표정의 중요성을 인지할 수 있게 하고 보다 긍정적인 기분을 많이 표현할 수 있도록 지지한다.


아동의 창의성 발달을 위한 긍정적 원예치료

# 웃는 얼굴이 좋아요

이름: ______________________________

1. 가장 좋아하는 사람의 웃는 얼굴을 떠올려 보며 그려 보세요.

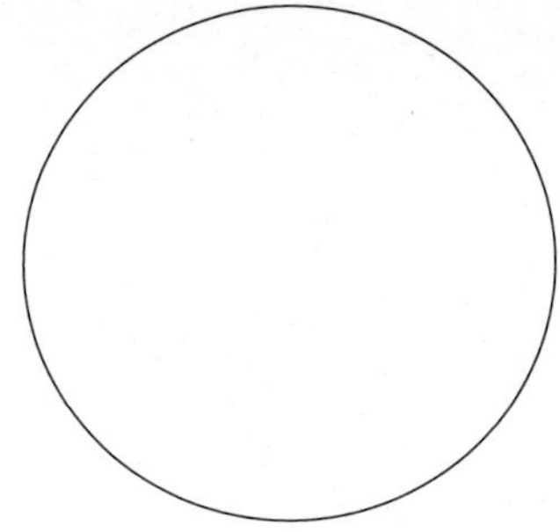

2. 웃는 얼굴을 보면 어떤 느낌이 드는지 적어 보세요.

3. 나는 어떤 표정을 자주 짓는지 적어 보세요.

4. 어떻게 하면 자주 웃을 수 있을지 적어 보세요.

5. 전체 소감을 적으세요.


Ⅲ. 긍정적 심리학을 적용한 원예치료 프로그램의 실제

## ● 프로그램: 행복 도시락(간식) 만들기

**치료목적**: 함께 만들고 완성한 후 다 함께 나누어 먹기를 통해 또래 및
주변인과의 의사소통 기회 증대

**활동재료**

- 주요 소재: 채소(새싹 채소, 식용 꽃 이용)
- 부소재: 다양한 과일, 비스킷, 치즈, 음료, 컵, 도마, 접시, 숟가락, 필
  기도구 등

**활동시간**: 1시간 30분

**활동방법**

- 음식을 만들 때 발생하는 다양한 이점에 대해 설명하고 직접 기른
  새싹 채소나 식용 꽃을 소개하며 프로그램에 대한 흥미를 고취시킨다.
- 행복 도시락을 건네줄 사람을 정한다.
- 재료를 파악한다.
- 새싹 등 재료를 손질한다.
- 재료를 이용하여 행복 도시락을 만든다.
- 예쁜 접시에 담는다(가져갈 행복 도시락에 담는다).
- 편지를 쓴다.
- 도시락에 편지를 넣은 후 예쁘게 포장한다.
- 각자 만든 행복 도시락을 소개한다.


아동의 창의성 발달을 위한 긍정적 원예치료

- 접시에 담은 음식을 함께 만든 친구들과 나누어 먹는다.
- 함께 음식을 만들고 나누어 먹어 본 소감을 발표한다.
- 깨끗하게 뒷정리를 한다.


## 유의점
- 행복 도시락을 만들기 전에 도시락을 선물할 사람을 먼저 정하고 그
  이유를 꼼꼼히 적은 후 요리를 시작한다.
- 먹을 수 있을 만큼 적당량을 만들고 음식물을 남기지 않도록 지도한다.
- 프로그램 전에 손을 깨끗이 씻도록 지도한다.
- 주방 도구를 사용할시 안전에 주의를 기울이도록 강조한다.


## 내 용
치료사: 일주일 동안 직접 기른 새싹 채소가 이렇게 한가득 풍성하게
　　　　자랐어요. 새싹 채소 종류마다 어떤 맛이 날까 먹어 보고 얘기
　　　　해 볼까요?

치료사: 새싹 채소를 이용해서 맛있는 행복 도시락을 만들어 사랑하는 사
　　　　람에게 선물할 거예요. 열심히 돌보며 일주일 동안 정성스럽게
　　　　키운 새싹 채소엔 우리 몸에 좋은 여러 가지 영양소가 듬뿍 들어
　　　　있어요. 그럼 오늘 행복 도시락은 누구에게 선물할까요? 각자 눈
　　　　을 감고 사랑의 도시락을 누구에게 선물할지 떠올려 봐요.

아　동: 엄마요.

아　동: 동생에게 선물하고 싶어요.

아　동: 우리 가족 모두에게 주고 싶어요.

아  동: 아버지요.

치료사: 어머니, 아버지께 행복 도시락을 선물하고 싶어 하는 사람이 많
        네요. 특별한 이유가 있나요?

아  동: 엄마가 항상 요리를 해 주시니깐 이번엔 제가 만들어 드리고
        싶기 때문입니다.

아  동: 우리 집은 엄마가 요리하면 아버지와 제가 항상 설거지를 해
        요. 모두 같이 하니깐 이번에도 제가 만든 도시락을 다 같이
        먹고 같이 설거지할 거예요.

아  동: 아빠가 일하니까요. 일하면 힘드니까 아빠 회사 마치고 집에
        오면 드릴 거예요.

아  동: 전 엄마 요리할 때 자주 같이해 봐서 도시락을 잘 만들 수 있
        어요. 도시락 만들면 엄마에게 보여 드릴 거예요.

치료사: 우리를 위해서 부모님께서 맛난 음식을 많이 해 주시니깐 오늘
        만큼은 행복 도시락을 직접 만들어서 부모님께 드리고 싶은 거
        군요. 그럼 이 행복 도시락에는 여러분이 부모님을 사랑하는
        마음도 함께 듬뿍 담길 것 같아요. 그럼 맛있는 도시락을 만들
        어 볼까요?

아  동: 네!

치료사: 일주일동안 직접 기른 새싹 채소 이외에도 행복 도시락을 만들
        재료로 무엇이 있는지 알아봐요.

치료사: 예쁜 꽃도 있어요. 이 꽃은 어떻게 할까?

아  동: 꽃은 못 먹으니까 도시락 주변에 예쁘게 꾸며요.

아  동: 꽃도 먹을 수 있어요?


아동의 창의성 발달을 위한 긍정적 원예치료

아　동: 전 꽃 먹어 봤어요. 진달래꽃은 먹을 수 있어요.

치료사: 맞아요. 진달래꽃은 화전이라고 해서 꽃으로 전을 만들어 먹기
　　　　도 해요. 먹어 본 사람?

아　동: 먹어 봤어요.

아　동: 캠프 가서 먹어 봤어요.

아　동: 엄마와 아빠와 체험놀이 가서 먹어 봤어요.

아　동: 저는 그냥 꽃으로 비빔밥도 먹어 봤어요.

치료사: 맞아요. 화전이나 꽃밥처럼 꽃으로도 요리를 해서 먹기도 해요.
　　　　선생님이 준비한 여기 예쁜 꽃들은 식용 꽃이라서 먹을 수 있
　　　　어요. 어떤 맛이 나는지 한번 먹어 봐요.

아　동: 새콤해요.

아　동: 채소 맛 나요.

아　동: 풀 같아요.

아　동: 시큼하기도 하고 달콤한 맛도 있어요.

아　동: 신기해요.

치료사: 종이접시에는 예쁘게 간식을 만든 후 여기 모인 친구들과 함께
　　　　나누어 먹을 겁니다. 선물할 것은 여기 도시락에 넣으면 돼요.
　　　　자, 그럼 시작해요. 행복 도시락은 선물을 받을 사람이 맛있게
　　　　도시락을 먹는 모습을 상상하며 만들어 봐요.

치료사: 간단한 편지를 적어서 행복 도시락에 넣어 함께 포장한 후 선
　　　　물할 거예요. 그럼 행복 도시락을 받는 사람이 여러분의 정성
　　　　을 배로 느낄 수 있을 것 같아요. 행복 도시락을 만들 때의 좋
　　　　은 느낌을 담아서 간단히 글로 적어 보도록 해요.


Ⅲ. 긍정적 심리학을 적용한 원예치료 프로그램의 실제

치료사: 직접 기른 채소를 이용해서 간식과 도시락을 만들어 본 소감을
　　　　얘기해 봐요.

아　동: 재미있었고 제가 만들었는데도 맛있었어요.

아　동: 새싹 채소를 기를 때 엄마가 물도 주고 많이 도와주셨고 처음
　　　　에 몇 개는 따서 미리 맛도 봤어요. 무순이 너무 씁쓸했지만
　　　　몸에 좋은 것이기 때문에 아버지와 어머니께서 많이 먹을 수
　　　　있도록 일부러 많이 넣었어요. 집에 가면 기다리고 계시니깐
　　　　바로 입에 넣어 드릴 거예요.

아　동: 동생은 채소는 잘 안 먹고 치즈는 좋아하니깐 치즈 사이에 새
　　　　싹도 넣어서 이렇게 주면 채소도 같이 먹게 되니까 좋을 것
　　　　같아요.

아　동: 만들 때 토마토가 잘 안 잘려서 힘들었는데 ○○이가 도와줘
　　　　서 방울토마토를 올릴 수 있었어요. 너무 재미있었고 다음엔
　　　　꽃도 직접 길러서 또 만들어 보고 싶어요.

아　동: 우리 가족이 4명이라서 4개를 만들었어요. 엄마는 꽃을 좋아하
　　　　니깐 꽃으로 만든 건 엄마 거예요. 토마토로 장식한 것이 아빠
　　　　거예요. 저와 누나는 아직 어리니까 바나나를 올린 것을 먹을
　　　　거예요. 하나씩 먹을 수 있어서 좋아요.


아동의 창의성 발달을 위한 긍정적 원예치료

행복 도시락          맛있는 간식          웃는 얼굴 간식

## ● 프로그램: 세상에 하나밖에 없는 달걀 선물 만들기

**치료목적**: 함께 만들고 완성한 후 다 함께 나누어 먹기를 통해 또래와
　　　　　의 의사소통 기회 증대

### 활동재료

- 주요 소재: 양파껍질
- 부소재: 달걀(오리알), 허브(또는 식물), 스타킹, 가위, 버너, 냄비, 기
  록지, 필기도구 등

### 활동시간: 1시간 50분

### 활동방법

- 허브로 다양한 무늬를 만들어 달걀에 붙인다.
- 스타킹 등으로 식물 잎이 흐트러지지 않도록 고정한다.
- 양파껍질과 함께 삶는다.
- 달걀을 익힌 후 찬 물에 헹군다.


Ⅲ. 긍정적 심리학을 적용한 원예치료 프로그램의 실제

- 함께 나누어 먹기(선물을 위해 포장하기)

## 유의점

- 잎이 달걀에 단단히 고정되지 않을 경우 염색이 제대로 되지 않으므로 고정에 유의한다.
- 양파껍질 염색이 잘되기 위해서는 달걀을 최대한 연한 색으로 준비한다.
- 물이나 음료를 준비하여 함께 나누어 먹으면 더 좋다.
- 화기를 이용하므로 안전에 유의한다.

## 내 용

치료사: 달걀을 우리는 평소 어떻게 먹나요?

아  동: 달걀 프라이를 해서 먹어요.

아  동: 빵에 넣어서 같이 먹어요.

아  동: 우리 엄마는 소풍 갈 때마다 삶은 달걀을 넣어 줘요.

아  동: 달걀로 국을 끓여 먹어요.

치료사: 맞아요. 달걀으로 우리는 다양한 요리를 해서 먹어요. 오늘은 달걀을 삶아서 친구들과 함께 나누어 먹을 겁니다. 선생님이 준비한 이 달걀은 삶은 달걀일까요, 날달걀일까요? 혹시 구분하는 방법 알고 있는 사람이 있나요?

치료사: 돌려 보면 삶은 달걀은 잘 돌아가지만 날달걀은 잘 돌아가지 않는답니다. 그럼 한번 돌려 보고 이 달걀이 삶은 달걀인지 날달걀인지 한번 알아봐요.


아동의 창의성 발달을 위한 긍정적 원예치료

아  동: 잘 돌아가지 않아요.

아  동: 흔들흔들거려요.

아  동: 날달걀이에요.

치료사: 맞아요. 선생님이 준비한 달걀은 날달걀이에요. 그래서 함께 나
눠 먹기 위해서 달걀을 삶을 거랍니다. 그런데 그냥 삶지 않고
여기 양파껍질과 허브 등 다양한 재료를 이용해서 세상에 하나
뿐인 예쁜 무늬를 넣은 달걀을 만들 겁니다. 여기 재료가 있는
데 어떻게 하면 달걀에 예쁜 무늬를 넣을 수 있을까요?

치료사: 허브 잎으로 여러분이 만들고 싶은 무늬 모양을 만들어서 달걀
에 붙인 다음 양파껍질을 함께 넣어서 삶게 되면 허브 잎이 붙
여져 있지 않은 부분은 양파 껍질로 진하게 물이 들어서 무늬
가 뚜렷해져요. 정말 그렇게 되는지 직접 만들어 봐요.

치료사: 다 삶았는데 하나씩 풀어 보도록 할까요. 정말 무늬가 예쁘게
만들어졌는지 봐요.

아  동: 신기해요.

아  동: 양파껍질 물이 들었어요.

아  동: 허브가 있는 부분은 그대로예요.

아  동: 달걀 안쪽은 그대로인 것 같은데 조금 진한 것 같아요.

아  동: 건강에 좋은 양파껍질로 만들어서 더 맛있어요.

아  동: 하트 모양이 제일 예쁘게 잘된 것 같아요.

아  동: ○○이가 만들어서 더 맛있어요.

아  동: ○○이가 예쁘게 만들어서 먹기가 아까워요.

잎으로 모양을 만들어 달걀에 고정하기

양파껍질을 넣고 삶기

찬물에 헹구기

함께 나누어 먹기

포장하여 선물하기



아동의 창의성 발달을 위한 긍정적 원예치료

## ● 프로그램: 비닐화분 꽃 장식하기

**치료목적**: 공동의 목표를 달성하기 위해 서로 협력하는 과정에서 대상
자 간의 친밀감 향상


**활동재료**

- 주요 소재: 꽃
- 부소재: 비닐포장지, 리본, 빵 끈, 가위, 물감, 물, 고무줄, 주전자, 필
 기도구 등


**활동시간**: 1시간 30분


**활동방법**

- 2인 1조씩 짝을 정한다.
- 주먹을 쥔 후 비닐포장지를 감싸고 손목 부위에 고무줄을 끼운다.
- 주먹을 뺀 후 물을 1/2 정도 채운다.
- 물이 들어 있는 비닐 포장지가 쓰러지지 않도록 형태를 잡아 준다(2
 인 1조로 서로 도와 가며 각자 1개씩 만든다).
- 원하는 색상의 물감을 풀어 색을 만든다.
- 꽃을 꽂는다.
- 리본으로 고정한다.

유의점

- 목표를 달성하기 위해 서로의 역할에 대해 자유롭게 의사소통할 수
  있도록 한다.
- 물을 넣을 때 주전자와 같이 주둥이가 좁은 것을 사용하여 물을 흘
  리지 않도록 주의한다.
- 물감은 식물전용 물감을 사용하는 것이 좋다.

내 용

치료사: 한 사람은 주먹을 쥐고 다른 한 사람은 주먹에 비닐을 씌워요.
　　　　그리고 비닐 위 손목에 노란 고무줄을 끼웁니다. 고무줄이 빠
　　　　지지 않도록 주먹을 천천히 빼낸 다음 비닐 안에 물을 채웁니
　　　　다. 물이 쏟아지지 않게 균형을 잡고 세웁니다. 이러한 방법으
　　　　로 하는데 짝꿍끼리 서로 역할을 나누어 해 보도록 해요.

치료사: 원하는 색상의 물감을 한 가지 선택하여 물에 풀어 봐요.

치료사: 물이 쏟아지지 않도록 균형을 잘 잡고 꽃을 꽂도록 합니다. 꽃
　　　　은 여러분 마음대로 자유롭게 꽂아요.

치료사: 흔히 볼 수 있는 꽃병이 아니라 비닐을 이용해서 튼튼한 꽃병
　　　　을 만들어 봤는데 혼자서 만들기는 힘들지만 이렇게 친구와 도
　　　　와 가며 만드니까 크게 어렵지 않았죠? 기분이 어떤가요?

아　동: 물이 쏟아질까봐 걱정이 돼서 마음이 조마조마했는데 물이 쏟
　　　　아지지 않아서 신기했어요.

아　동: 친구가 잡아 주니까 어렵지 않았어요.

아　동: 비닐이라서 물감 색깔이 잘 보였어요.


아동의 창의성 발달을 위한 긍정적 원예치료

아　동: 꽃병이 없어도 만들 수 있는 방법을 알아서 기분이 좋아요. 다음에 집에서도 꼭 만들어 볼 거예요.

아　동: ○○이는 주먹이 커서 비닐 꽃병이 엄청 커졌어요. 재미있었어요.

**덧붙이기**: 혼자서 하기 힘든 과제를 해결하기 위해 아동 간의 협력이 필요하며 그 과정에서 적극적인 소통을 통해 서로의 역할을 분담하는 것을 배우게 된다. 즉 공동의 목표를 달성하기 위해 서로 협력하고 그 문제를 해결함으로써 협력하는 방법을 배우게 되며 협력자와의 신뢰감을 형성하게 된다. 이러한 긍정적인 경험은 앞으로 타인과의 협력을 더욱 촉진시킬 수 있다.

물 채우기

꽃 꽂기


Ⅲ. 긍정적 심리학을 적용한 원예치료 프로그램의 실제

## ◉ 프로그램: 꽃으로 만든 편지(엽서)

**치료목적**: 친구에게 평소 하지 못하는 말을 편지로 적어서 보내는 것을
통해 또래와의 의사소통 기회 증대

**활동재료**

- 주요 소재: 압화
- 부소재: 눌린 꽃(압화), 엽서(카드나 도화지, 색지), 핀셋, 풀, 시트지,
  필기도구, 가위 등

**활동시간**: 1시간 30분

**활동방법**

- 다양한 꽃을 눌러서 만든 압화를 보여 주며 호기심을 자극한다.
- 압화의 원리 등을 간단히 설명한다.
- 예쁜 압화에 사랑을 담은 편지를 쓸 것이라고 알린다.
- 눈을 감고 사랑하는 친구를 떠올려 보고 연습장에 편지를 쓴다.
- 디자인을 정한 후 엽서를 압화로 장식한다.
- 미리 적은 편지를 엽서에 옮겨 적는다.
- 시트지로 마감하고 주소를 적는다(주소 적는 방법을 지도한다).
- 발표 후 우체통에 넣도록 한다.

**유의점**

- 압화에 대한 설명은 아동들이 관찰하도록 시간을 두고 질문에 답하
  는 형식으로 한다.
- 편지내용은 가급적 자신의 마음을 솔직하게 적되 긍정적인 언어로
  소통할 수 있도록 지지한다.
- 편지 또는 답장을 비밀로 하고 싶을 경우에는 발표를 강요하지 않는다.
- 편지 봉투에 기록하는 방법을 미리 설명한다.


**내 용**

치료사: 모두 눈을 감고 천천히 호흡을 해 보세요. 숨을 들이쉬고 내쉬
　　　　고 반복해서 다섯 번 정도 해요. 눈을 계속 감은 상태에서 오
　　　　늘 하루일과를 떠올려 봐요. 그럼 선생님이 말하는 대로 생각
　　　　해 봐요. 아침에 눈을 뜨고 학교에 갔어요. 그리고 수업을 들어
　　　　요. 주변을 둘러보니 친구들이 있어요. 친구들과 공부도 하고
　　　　재미있는 이야기도 하고 함께 밥도 먹어요. 친구들이 있어서
　　　　함께 웃을 수 있어 행복해요. 친구들 얼굴이 떠오르나요? 그럼
　　　　눈을 떠 봐요. 친구 중 누가 떠올랐나요?

아　동: ○○이요.

아　동: 제 짝꿍이 생각났어요.

치료사: 각자 떠오른 친구들 이름을 적어 보세요. 그리고 오늘 친구와
　　　　무슨 일이 있었는지, 무슨 이야기를 나누었는지 함께 적어 보
　　　　세요.

치료사: 여러분이 조금 전에 적었던 친구 이름이 있죠? 오늘은 그 친구


Ⅲ. 긍정적 심리학을 적용한 원예치료 프로그램의 실제

에게 평소 하지 못했던 말이나 또 하고 싶은 말들을 편지에 적
어서 예쁜 압화로 꾸며서 보낼 거예요. 꽃으로 장식하기 전에
편지를 먼저 쓰고 카드에 옮겨 적을 거예요.

치료사: 직접 손으로 편지를 건네줄 수도 있지만 예쁜 편지 봉투에 넣
어서 우체부 아저씨께 편지를 보내달라고 부탁할 거예요. 어느
학교 몇 학년, 몇 반, 누구인지를 주소란에 꼭 적어 주세요.

치료사: 친구에게 압화 편지를 쓴 소감을 발표해 봐요.

아  동: ○○이는 태권도를 잘하는 친구에요. 2학년 때 같은 반인데 지
금도 같은 반이에요. 처음 편지를 써서 편지를 받으면 깜짝 놀
랄 것 같아요. 기분이 좋아요.

아  동: 사이좋게 지내자고 썼어요. 꽃이 가짜 같아서 끝에 진짜
꽃이라고 써 났어요. 재미있었고 ○○이한테 답장도 받고
싶어요.

아  동: 저는 ○○에게 편지를 썼습니다. 어제 같이 장난치다가 ○○
이가 의자에 걸려서 넘어졌어요. 미안하다고 했는데 많이 울어
서 편지에 미안하고 친하게 지내자고 썼어요.

아  동: 두 명에게 보내고 싶어서 편지를 두 개 적었어요. ○○이는 여
기 쓰고 ○○이는 꽃만 하나 붙였어요. 3명이 제일 친해요. 토
요일에 우리 집에서 같이 숙제하자고 썼어요.

압화로 카드 장식하기

친구에게 편지 쓰기

## ● 프로그램: 창작화분 만들기

**치료목적:** 서로 도와주기를 통해 의사소통 기회 증대 및 공동작품을 통해 공동의 목표 추구

**활동재료**

- 주요 소재: 자연물(라피아, 곡식, 조개껍질 등)
- 부소재: 화분(또는 재활용 용기), 핸디코트, 가위, 기록지, 필기도구 등


Ⅲ. 긍정적 심리학을 적용한 원예치료 프로그램의 실제

활동시간: 1시간 30분

**활동방법**

- 2인 1조로 팀을 만든 후 라피아로 댕기머리 형태로 땋는다(서로 역할을 바꾸어 가며 땋는다).
- 화분 표면 전체에 핸디코트를 두껍게 바른다.
- 함께 땋은 라피아와 다양한 자연물을 이용하여 핸디코트 위에 붙인다.

**유의점**

- 라피아는 물에 살짝 적신 후 사용하면 더욱 좋으며 라피아가 끊어지지 않도록 연결해서 땋는다.
- 아동의 나이가 너무 어릴 경우 핸디코트 사용에 무리가 있을 수 있으므로 찰흙 등 다른 소재를 사용하도록 한다.
- 완성 후 통풍이 잘되는 곳에 두어 2~3일 건조시킨다.

**내 용**

치료사: 새끼를 꼬듯이 한 명은 라피아를 잡아 주고, 다른 한 명은 라피아를 쭉 이어 가며 라피아를 땋으면 돼요. 그리고 서로 역할을 바꾸어 가며 계속 이어 가도록 해요. 여자 친구들은 어머니께서 머리를 땋아 주시거나 직접 땋아 본 경험이 있을 것 같은데 맞나요?

아　동: 어릴 때는 머리카락이 길어서 매일 땋고 다녔어요.

아　동: 저는 민속마을에서 새끼 꼬는 것도 해 봤어요.


아동의 창의성 발달을 위한 긍정적 원예치료

치료사: 우리 남자 친구들은 어때요?

아  동: 짚을 쭉 연결해서 하는 것을 보기만 했어요.

치료사: 선생님 잘 보고 따라해 보세요.

치료사: 라피아도 여러 가지 색상이 있어요. 짝꿍끼리 상의해서 색상을
　　　　선택해 보세요.

치료사: 2인 1조로 친구와 함께 직접 라피아로 댕기머리처럼 땋아 본
　　　　느낌이 어떤가요?

아  동: 라피아가 촉촉해서 더 잘됐어요.

아  동: 힘들었는데 친구가 잡아 주니까 더 잘되는 것 같아요.

아  동: 처음에는 자꾸 엉켜서 힘들었는데 계속해 보니깐 잘됐어요.

아  동: 쉬웠어요.

아  동: 보라색이 예뻐요.

아  동: 잘 몰랐는데 ○○이 하는 것을 계속 보면서 저도 따라 했어요.

아  동: 줄넘기보다 더 길게 땋았어요.

아  동: 우리가 제일 길게 땋았어요.

치료사: 핸디코트는 바르는 대로 모양이 그대로 살아나니까 직접 결을
　　　　만들어도 됩니다. 위에 직접 만들 라피아와 자연물들을 붙이면
　　　　그대로 굳기 때문에 별도로 접착제가 필요 없어요. 자연물이
　　　　잘 붙도록 핸디코트는 조금 두껍게 바르고 만들기 전에 주어
　　　　진 자연물을 이용하여 어떻게 만들지 먼저 생각해 보도록 해요.

치료사: 다음 주에는 여러분의 정성이 담긴 세상에 하나뿐인 멋진 화분
　　　　에 식물을 심을 거예요. 어떤 식물을 심고 싶은지 조사해서 원
　　　　하는 식물을 선생님이 사 올게요. 화분의 크기에 맞고 실내에서



Ⅲ. 긍정적 심리학을 적용한 원예치료 프로그램의 실제

잘 자라는 식물을 위주로 선택하면 되는데 선택이 어렵거나 식
물 이름을 잘 모르겠으면 여기 선생님이 미리 준비한 몇 가지
식물의 사진을 보고 선택하도록 해요.

아　동: 파리 잡는 식충식물을 기르고 싶어요.

아　동: 저는 흰색 꽃이 피는 걸로 할래요.

아　동: 아이비를 기르고 싶어요.

치료사: 일주일 동안 화분이 예쁘게 잘 말랐는지 볼까요?

아　동: 핸디코트가 단단해졌어요.

아　동: 마르기 전에 만지지 못하게 높은 곳에 두고 말렸어요.

아　동: 조개껍질은 잘 붙어 있는데 콩이 하나 떨어졌어요.

아　동: 라피아가 제일 단단하게 붙어 있어요.


## ● 프로그램: 식물 화분 만들기(지난 회기 화분 이용)

**치료목적**: 그룹별로 함께 식물을 기르며 공동의 목표 추구

**활동재료**

- 주요 소재: 식물
- 부소재: 지난 회기 완성한 화분, 배양토, 색깔 돌, 네임펜, 라벨, 기록
  지, 필기도구 등


**활동시간**: 1시간 30분


아동의 창의성 발달을 위한 긍정적 원예치료

**활동방법**

- 지난 회기에 만든 화분을 함께 보며 지난 회기를 상기시킨다.
- 화분에 식물을 식재한다.
- 색깔 돌로 장식한다.
- 라벨에 화분 제목, 식물 이름, 만든 날짜, 만든 사람 등을 적어 적당
  한 곳에 꽂는다.
- 식물의 특성 및 재배 방법 등을 간단하게 설명한다.
- 만든 결과물을 함께 의논하여 공동의 장소에 배치하고 일정표에 물
  을 주는 당번 등을 정하여 기록한다.


**유의점**

- 생육이 비슷한 식물을 심는다.
- 선인장 또는 다육식물의 경우 마사토를 넣는다.


**내 용**

치료사: 일주일 동안 잘 건조되어 화분이 완성됐어요. 여기에 여러분이
　　　　미리 얘기했던 식물을 심은 후에 예쁜 이름을 지어 주도록 합
　　　　니다. 그리고 어떻게 기를지 또는 누구에게 선물할지 일지에
　　　　모두 적도록 합니다.

치료사: 세상에 하나뿐인 멋진 작품을 발표하도록 해요.

아　동: 우리가 만든 보라색 라피아와 ○○이 만든 주황색을 조금 바
　　　　꿔서 라피아는 두 가지 색을 썼습니다. 여기에 S는 슈퍼맨의 S
　　　　를 생각하면서 만들었는데 제 이름에 S가 들어가서 제가 만들


Ⅲ. 긍정적 심리학을 적용한 원예치료 프로그램의 실제

었다는 의미도 있습니다. 뒤쪽에는 나뭇잎으로 날개도 만들었습니다. 식물의 이름은 시클라멘입니다.

## ● 프로그램: 꽃 케이크 만들기

**치료목적**: 함께 만들어 먹기를 통해 또래와 주변인과의 의사소통 기회 증대


**활동재료**

- 주요 소재: 꽃(식용 가능한 꽃)
- 부소재: 케이크, 생크림, 과일, 젓가락, 칼, 포장 상자, 가위, 기록지, 필기도구 그 외에 함께 먹을 수 있는 음료 등

**활동시간**: 1시간 30분

**활동방법**

- 주어진 재료를 파악한다.
- 케이크의 주제를 정한다.
- 재료를 활용하여 어떻게 장식할지 미리 디자인해 본다.
- 기본 케이크에 생크림을 바른다.
- 미리 디자인한 그림을 보며 꽃과 과일 등을 이용하여 케이크를 만든다.
- 만들어 본 소감을 기록하고 발표한다.
- 함께 모여 나누어 먹는다(선물할 케이크는 편지를 넣어 예쁘게 포장한다).

**유의점**

- 꽃과 과일은 모양, 색상 등을 다양하게 준비한다.
- 시중에서 쉽게 구입할 수 있는 케이크와 차별화하여 특정 메시지를 담거나 재미있는 모양으로 장식하도록 한다.
- 직접 만들어 먹는 만큼 위생을 철저히 지키도록 지도한다.
- 미리 참여 아동의 생일이나 특별한 일을 파악하여 촛불을 켜고 함께 축하하는 특별 이벤트를 만들어도 좋다.

**내 용**

치료사: 맛있는 케이크를 직접 만들어 본 느낌이 어떤가요?

아  동: 만들면서 재미있었고 조금 힘들기도 했어요.

아　동: 너무 예뻐요. 먹기 아까울 것 같아요.

치료사: 함께 나누어 먹기도 하고 한 조각씩 집에 가져갈 예정인데 가져가면 누구에게 드리고 싶은가요?

아　동: 엄마가 늘 맛있는 것을 만들어 주시는데 오늘은 제가 만들 것을 엄마께 드릴 거예요. 왜냐하면 저를 힘들게 키우시기 때문이죠.

아　동: 지난주에 제 생일이 있었기 때문에 케이크를 먹었어요. 이번 주에는 생일은 없지만 생일이라 생각하고 촛불도 불고 축하도 하고 맛있는 케이크를 먹고 싶어요.

조각 케이크 꽃 장식

꽃 케이크


아동의 창의성 발달을 위한 긍정적 원예치료

꽃으로만 만든 케이크

## ● 프로그램: 자연 속 보물찾기

**치료목적**: 자연 속에서 주어진 과제를 함께 풀기 등 공동의 목표를 추구

**활동재료**

- 주요 소재: 숲(자연)

- 부소재: 식물도감, 기록지, 필기도구 등

**활동시간**: 1시간 30분

**활동방법**

- 프로그램을 간단히 설명한다.

- '서로 친해지기' 자료를 나누어 주고 인터뷰를 통해 찾아 기록하도록
  한다.



Ⅲ. 긍정적 심리학을 적용한 원예치료 프로그램의 실제

- 기록한 결과물에 대해 발표한다.
- 소그룹으로 나눈다(참여 인원에 따라 정하고 한 그룹의 인원이 5명
  을 넘지 않도록 한다).
- 그룹별로 '자연 속 보물찾기' 자료를 나누어 준다.
- 그룹별 결과물에 대해 발표한다.

## 유의점

- 프로그램 전에 미리 식물종류 등 숲 환경생태를 파악하여 과제를 준
  비하도록 한다.
- 과제는 아동의 연령 수준에 맞추어 제시하고 창의력을 발휘할 수 있
  는 과제를 준비한다.
- 과제당 적정 시간을 주어 과제에 몰입할 수 있도록 한다.

## 내 용

치료사: 자연물을 이용한 소리는 만들었나요?

아  동: 돌멩이를 부딪치면 소리가 나요. 이것 보세요. 탁! 탁!

아  동: 풀잎을 손으로 문지르면 소리가 나요.

아  동: 낙엽을 손으로 만지면 '부스럭, 부스럭' 이렇게 소리가 나요.

아  동: 바닥에 떨어져 있는 나무 조각을 손으로 부러뜨릴 때도 소리가
        나요.

아  동: 호수에 돌을 던져도 소리가 나요.

치료사: 사람이 만든 쓰레기는 가져왔나요?

아  동: 쓰레기가 많았어요. 과자 봉투와 병뚜껑을 찾았어요.


아동의 창의성 발달을 위한 긍정적 원예치료

아　동: 병이 많았는데 다 가져오지 못했어요. 끝나고 가져올까요?

아　동: 선생님, 청소하는 아저씨가 없어요? 쓰레기가 나무 밑에 많았
　　　　어요. 사람들이 버리고 가서 그런가 봐요. 숲에는 쓰레기를 버
　　　　리면 안 돼요.

아　동: 너무 많아서 다섯 개보다 많이 가져왔어요.

치료사: 여러분의 미소는 가져왔나요?

아　동: 네.

아　동: 재미있었어요.

아　동: 신나요.

치료사: 자연을 훼손하지 않고 나누어 준 과제를 해결하는 서로의 모습
　　　　이 자랑스럽게 보이네요. 자연 속에서 보물찾기를 열심히 푸는
　　　　모습이 멋져요. 여러분도 자연의 보물인 것 같아요. 모두 수고
　　　　했어요.

# 서로 친해지기

**다음 질문에 해당하는 사람을 찾아 이름을 적으세요.**

1. 상처 입은 동물이나 식물을 돌봐 준 적이 있는 사람은?




2. 상추, 토마토, 고추 등 채소를 직접 길러서 먹어 본 적이 있는 사람은?




3. 숲에서 다람쥐를 직접 본 적이 있는 사람은?




4. 전기가 없는 곳에서 생활해 본 적이 있는 사람은?




5. 청개구리를 관찰해 본 적이 있는 사람은?


아동의 창의성 발달을 위한 긍정적 원예치료

# 보 물 찾 기

자연 속 보물을 찾아봅시다. 위험한 것을 가져오거나 자연을 훼손해서 가져와서는 안 됩니다.


**보물 목록**

1. 촉감이 부드러운 것을 찾아보세요.

2. 서로 다른 식물의 잎 5개

3. 서로 똑같은 것 30개

4. 식물로 반지를 만들어 보세요.

5. 세모, 네모, 둥근 형태의 무언가를 찾아보세요.

6. 사람이 버린 쓰레기 5가지를 찾아보세요.

7. 나를 닮은 식물을 찾고 이유를 적으세요.

8. 네잎 클로버(토끼풀)를 찾아보세요.

9. 자연물을 이용하여 소리를 만들어 보세요.

10. 여러분의 웃는 얼굴

Ⅲ. 긍정적 심리학을 적용한 원예치료 프로그램의 실제

## ● 프로그램: 숲 사진 찍기

**치료목적**: 짝을 이루어 숲 사진 찍기를 통하여 공동 목표 추구 및 의사
소통 기회 증대

**활동재료**

- 주요 소재: 숲(자연)
- 부소재: 안대, 밧줄, 기록지, 필기도구 등

**활동시간**: 1시간 30분

**활동방법**

- 프로그램을 설명한다.
- 1명씩 안대를 쓰고 미리 설정해 놓은 숲길의 밧줄을 따라 목적지까
  지 이동한다.
- 친구에게 의지하며 숲길을 걸어 본 소감과 숲에서 느낀 점을 기록하
  고 발표한다.
- 2인 1조로 짝을 짓는다.
- 한 명은 사진사가 되고 한 명은 카메라가 되어 마음에 드는 자연사
  진을 촬영한다(카메라 역할자는 이동 시 눈을 감는다).
- 서로 역할을 바꾸어 다시 찍는다.
- 카메라 역할일 때 찍은 사진을 그림으로 그리고 느낀 점을 발표한다.

**유의점**

- 밧줄을 따라 이동할 경로를 미리 체크하여 위험물이나 장애물을 파악하여 안전하게 숲에서 활동할 수 있도록 한다.
- 서로 부딪치지 않도록 간격을 유지하여 아동이 출발하도록 하고 아동이 부담을 느끼지 않도록 짧은 거리를 설정한다.
- 그림을 잘 그리는 것보다는 느낌을 잘 담고 표현하는 것에 중점을 두도록 한다.
- 각자의 역할에 대해 충분히 소통할 수 있을 만큼 여유를 주도록 한다.

**내 용**

치료사: 눈을 감고 밧줄과 여러분의 오감에 의지하여 숲을 걸어 봅니다. 도착지점에 선생님이 기다리고 있습니다. 그러니 안심하고 조심해서 천천히 가도록 해요. 눈으로 볼 수는 없지만 손과 귀 등 최대한 오감을 사용해서 움직여 보도록 해요.

아  동: 무서울 것 같아요.

아  동: 흙 만져도 돼요?

아  동: 선생님도 같이 가요?

치료사: 네. 밧줄을 따라 걸으면 안전하답니다. 선생님이 지켜보고 있으니 용기를 내세요.

치료사: 어떤 느낌을 받았나요?

아  동: 밧줄을 만지며 갔는데 땅바닥에 낙엽들이 섞여 있어서 차갑고 축축했어요.

아  동: 정말 하나도 안 보여서 기분이 이상했어요. 그래도 밧줄만 따



Ⅲ. 긍정적 심리학을 적용한 원예치료 프로그램의 실제

라왔더니 금방 도착해서 조금 아쉬웠어요.

아  동: 저는 거의 기어서 왔어요. 재미있었어요.

치료사: 길을 지나오면서 어떤 소리를 들었나요?

아  동: 바스락거리는 소리요.

아  동: 낙엽들이 많아서 걸을 때마다 소리가 났어요.

아  동: 흙을 만지는 소리요.

아  동: ○○이 목소리요. 자꾸 앞에 가면서 말했어요.

아  동: 새소리도 들었어요.

치료사: 한 명은 사진사가 되고 한 명은 카메라가 되어 마음에 드는 자연 사진을 촬영할 거예요. 그리고 사진사가 셔터를 누르기 전까지 카메라는 눈을 뜨면 안 돼요. 사진사는 찍고 싶은 배경을 고르고 카메라를 조심스럽게 데려가서 '찰칵' 소리와 함께 찍으면 돼요. 카메라는 사진사가 찍은 배경을 그림으로 그릴 거예요. 잘 기억해 두세요. 그 다음 서로 역할을 바꿔서 찍은 후 함께 돌아오면 돼요. 10분 후에 다시 이곳으로 모이면 돼요. 자, 그럼 시작하세요.

치료사: 카메라 역할을 하며 찍었던 사진을 인화해야겠죠? 기억나는 대로 그림을 그려 봅시다. 잘 그리지 못해도 속상해하지 마세요. 그건 아마도 사진사가 잘못 찍어서 그럴 거예요. 그러니 부담 가지지 말고 그리세요. 다 그린 후 느낌을 적어 보고 사진사와 함께 발표하도록 해요. 사진사는 자신이 찍고자 했던 배경을 그림으로 보고 왜 그 장소를 택했는지 등을 함께 발표하면 됩니다.

아  동: 돌과 풀을 함께 찍었어요. 풀이 많은 곳에 돌이 하나 있어서 돌을 크게 나오도록 찍었어요. 실제로는 작은 돌인데 가까이


아동의 창의성 발달을 위한 긍정적 원예치료

보면서 찍었더니 ○○이가 바위처럼 크게 그려서 마음에 들어
요. 재미있었어요.

아　동: 단풍잎을 찍었어요. 나무에 붙어 있는 것이어서 카메라인 ○○
이를 나무 밑에까지 데려가서 볼 수 있도록 하는 것이 힘들었
어요. 앞이 안 보이니까 넘어지진 않을까 조심조심 걸어갔어요.
찍을 때 ○○이도 여기 찍으려고 했다고 해서 신기했어요. 그
래서 우리 둘 다 같은 곳을 찍었어요. 그림도 비슷해요.


# 4. 주의집중력 및 창의성 발달을 위한 원예치료 프로그램


### ● 프로그램: 감자인형 화분 만들기

**치료목적**: 생명에 대한 기대감을 통해 미래에 대한 긍정적 자세 및 창
의성 향상


**활동재료**

- 주요 소재: 씨앗
- 부소재: 감자(또는 고구마 이용 가능), 숟가락, 배양토, 칼, 글루, 글루
건, 가위, 스트로, 비닐 랩, 기록지, 필기도구, 다양한 장식 문구 등


**활동시간**: 1시간 30분

**활동방법**

- 감자를 깨끗이 씻어 흙을 제거한다.
- 감자 표면에 물기를 모두 닦는다(물기가 있을 경우 접착이 어렵다).
- 감자를 세로로 세운다(아래쪽을 평평하게 조금 자르면 잘 세워진다).
- 1/3 정도를 잘라낸다.
- 화분모양으로 속을 파낸다.
- 비닐 랩을 잘라 화분 안쪽에 깐다.
- 배양토를 채우고 씨앗을 심는다.
- 다양한 재료를 이용하여 장식한다.
- 감자인형에 각자 이름을 지어 준다.
- 감자인형이 잘 자랄 수 있도록 응원의 메시지를 적어 본다.

**유의점**

- 감자화분은 감자화분으로서의 기능보다는 새싹이나 상추 등이 짧은 시간에 싹이 트고 자라는 과정 동안 식물 기르기를 경험하고 머리모양으로 싹이 나는 것을 보며 흥미와 창의성에 도움이 되도록 하는 것에 목적이 있다.
- 스트로로 머리 부분에 조금씩 구멍을 낸 후 그 안에 씨앗을 넣고 자랄 때까지 분무기로 물을 뿌린다.
- 감자를 자른 후 속을 파내고 배양토를 넣거나 솜을 깔 경우 먼저 비닐을 얇게 깔아 주면 감자가 썩는 것을 방지할 수 있다.
- 견본을 준비하지 않는 것이 창의성 발휘에 더 좋다.

## 내 용

치료사: 자, 숟가락을 들고 감자 속을 화분모양으로 파냅니다.

아  동: 선생님, 이거 파낸 것이 아까워요.

아  동: 이걸로 부침개를 해 먹으면 맛있을 거 같아요.

아  동: 감자로 포테이토 튀김을 만들어 먹으면 더 맛있어요.

치료사: 감자화분에 씨앗을 심었는데 새싹 채소 씨앗을 미리 물에 불려
        놓았기 때문에 하루만 지나도 싹이 나기 시작할 거예요. 그럼
        일주일 후에 어떤 일이 일어날까요?

아  동: 지금은 빡빡머리지만 머리카락이 나요.

아  동: 맞아요. 싹이 나서 머리카락이 길어져요.

아  동: 정말 머리카락이 생겨요?

치료사: 감자인형에게 예쁜 이름을 지었나요?

아  동: '미미'요.

아  동: '퉁퉁이'예요.

치료사: 감자인형에게는 아직 머리카락이 없어요. 매일 물을 주면서 새
        싹이 잘 자라도록 용기를 주는 말을 하도록 해요. 어떤 말을
        해 주고 싶은지 3개씩 적어 보세요.

아  동: 잘 자라라, 쑥쑥 자라라, 건강해라라고 적었어요.

아  동: 미미 사랑해, 건강해, 잘 자라라고 적었습니다.

아  동: 잘 자라라, 건강하게 자라라, 착한 감자가 되렴.

치료사: 지난주 감자인형 화분을 만들었는데 일주일 후 감자인형이 어떻
        게 되었나요? 대머리 감자인형의 머리카락이 얼마나 자랐나요?

아  동: 신기했어요. 물만 줬는데 아주 빨리 자랐어요.


Ⅲ. 긍정적 심리학을 적용한 원예치료 프로그램의 실제

감자인형

**덧붙이기**: 아동은 부모로부터의 보호를 받고 있으며 감자인형은 아동 자신의 보호를 받아야 하는 존재로 감자인형을 돌보는 책임감을 느끼는 동시에 감자인형은 자신과 동일시되는 느낌을 받게 된다. 따라서 아동이 '감자인형의 새싹이 잘 자라도록 매일 들려주고 싶은 이야기' 속에는 평소 부모나 주변인의 반응으로부터 느끼는 자신의 내부적, 감정적 상태를 포함하여 드러내기도 한다.



아동의 창의성 발달을 위한 긍정적 원예치료

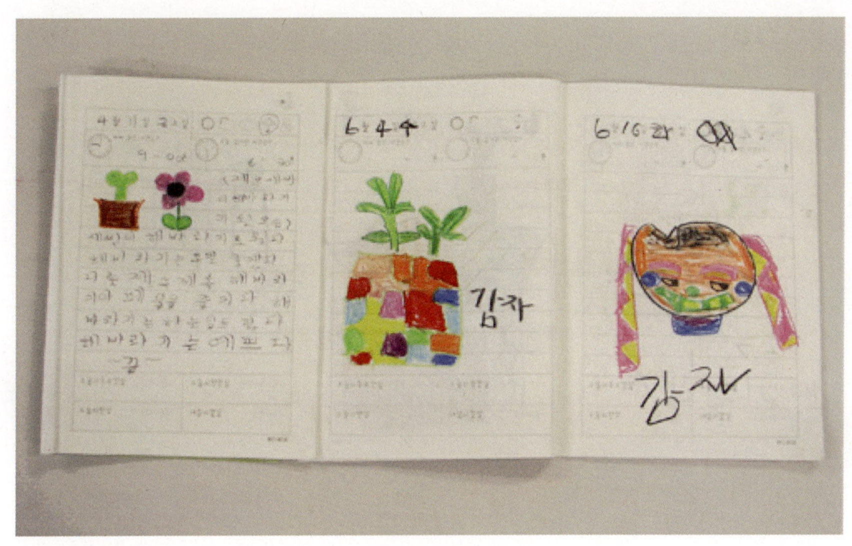

관찰일지

## ● 프로그램: 꽃 강아지 만들기

**치료목적**: 주의집중력 및 창의성 향상


**활동재료**

- 주요 소재: 꽃
- 부소재: 투명 컵(유리컵), 컬러와이어, 컬러 플로랄폼 가루, 플로랄폼,
  눈알, 가위, 식물전용접착제, 네임펜, 색지, 숟가락, 기록지, 필기도구 등


**활동시간**: 1시간 30분

**활동방법**

- 꽃의 향기와 질감 등을 감각을 통해 느끼며 동기부여를 한다.
- 꽃의 형태를 관찰하며 연상되는 것들을 떠올려 본다.
- 투명 컵 중앙에 플로랄폼을 넣는다.
- 컬러 플로랄폼 가루를 채운다.
- 꽃을 강아지 모양으로 꽂는다.
- 컬러와이어와 눈알 등으로 얼굴을 꾸미고 장식한다.
- 나 또는 주변인물 중 닮은 사람이 있는지 떠올려 보고 어떤 부분이 닮았는지 얘기 나눈다.
- 이름을 지은 후 색지에 이름을 적어 붙인다.

**유의점**

- 꽃은 스프레이 카네이션처럼 잎이 풍성한 것이 좋고 크기가 다양한 것을 준비한다.
- 컬러 플로랄폼 가루로 눈에 보이는 외부를 장식하지만 꽃은 안쪽 플로랄폼에 정확히 꽂아야만 꽃이 물을 먹을 수 있어 오랫동안 볼 수 있다.
- 컬러 플로랄폼 가루는 물을 주게 되면 부피가 줄어들게 되므로 눌러서 촘촘히 채운다.
- 컬러 플로랄폼 가루는 숟가락 등을 이용하여 주의해서 넣을 수 있도록 한다.
- 꽃 이외의 재료를 준비하여 자유롭게 장식할 수 있도록 한다.


아동의 창의성 발달을 위한 긍정적 원예치료

내 용

치료사: 안경을 착용한 것도 있고 꽃으로 멋지게 앞머리를 낸 것도 있고 귀엽게 웃고 있는 것도 있네요. 똑같은 재료로 만들었는데도 같은 모습이 하나도 없네요. 각자 창의성을 잘 발휘한 것 같아요.

아  동: 제가 안경을 꼈기 때문에 안경을 만들었어요. 모범생같이 보여요.

아  동: 눈알이 커서 귀여워 보여요.

치료사: 그렇군요. 꽃 강아지이긴 하지만 그 모습들이 개성이 넘치는 것 같아요. 꽃 강아지의 이미지와 닮았거나 그 이미지가 비슷한 사람이 있나요?

아  동: 이건 저 같아요. 안경이 같기 때문이에요.

아  동: 저도 ○○이 같아요 우리 중에 안경 낀 친구는 ○○이밖에 없어요

아  동: 동생 같아요. 귀여워서요.

아  동: 눈썹이 진하니깐 오빠랑 닮은 것 같아요.

치료사: 그렇게 생각하고 보니깐 더 닮은 것 같아요. ○○이는 마음에 들어요?

아  동: 그런 것 같아요. 이렇게 귀엽지는 않은 것 같지만 안경이 같아요.

치료사: 각자 꽃으로 만든 강아지에게 예쁜 이름을 지어 보도록 해요.

아  동: 안경 낀 모습이 똑똑하게 보이니깐 똘똘이예요.

아  동: 제 동생이랑 닮았기 때문에 막내라고 이름 붙일래요.

아  동: 바둑이로 할래요.

치료사: 꽃으로 강아지를 만들어 봤는데 소감이 어떤가요?

아  동: 재미있었어요.

아  동: 정말 꽃으로 강아지를 만들 수 있다는 것이 신기했어요.

아　동: 딴 것도 만들어 보고 싶어요.

아　동: 안경 만들 때 힘들었는데 만들어서 안경을 씌워 보니깐 잘 어
　　　울리는 것 같아요 기분이 좋아요.


**덧붙이기**: 아동 연령이 어릴수록 얼굴 형태를 만드는 것이 어려울 수도
있으므로 기본적인 부분을 보여주는 것이 도움이 되기도 한다. 다양한 재
료를 준비할수록 창의적인 작품이 나올 수 있으며 꾸밀 수 있는 시간을
충분히 주도록 한다. 다른 재료로 다른 것을 만들어 보기도 하고 주어진
재료에 따라 떠오르는 것을 만들어 보는 등의 활용이 가능하다.

완성한 꽃 강아지

## ● 프로그램: 꽃잎 채집 및 꽃 말리기

**치료목적**: 원예매체 동기부여 및 주의집중력 향상

**활동재료**

- 주요 소재: 꽃 또는 들풀
- 부소재: 압화 건조매트(또는 신문), 핀셋, 가위, 기록지, 필기도구 등

**활동시간**: 1시간 50분

**활동방법**

- 꽃잎을 채집하여 담을 수 있는 것을 각자 준비한다.
- 채집하는 방법과 주의사항 등을 설명한다.
- 팀을 나누거나 개인별로 다양한 풀 등을 채집한다.
- 채집한 것과 치료사가 미리 구입한 다양한 꽃들을 압화 전용 건조매트에 펼친다(식물이 겹칠 경우 건조에 어려움이 있으므로 겹치지 않게 나란히 놓는다).
- 매트별로 이름을 적어 구분할 수 있도록 한다.
- 건조매트를 쌓은 후 비닐에 넣어 일주일 정도 둔다(건조매트 위에 무거운 것을 올려놓으면 더 좋다).

**유의점**

- 생명력을 지닌 식물의 소중함을 설명하여 낙엽 등을 채집하도록 지

도한다.

- 수분이 많거나 두꺼운 식물의 경우 건조가 어려우므로 미리 지도한다.
- 채집한 식물을 이용하여 창작품을 만들 것을 미리 설명하여 다양한 자연물을 채집할 수 있도록 한다.
- 꽃의 경우 다양한 종류를 직접 구입하여 제공한다.
- 압화 전용 건조매트가 없을 경우 코팅이 되어 있지 않은 두꺼운 책이나 신문을 사용한다.


## 내 용

치료사: 오늘 아침 잠에서 깬 후부터 여기 오기까지 하루 일을 떠올려 봐요.

치료사: 장소를 옮길 때마다 여러분은 길을 걸으며 이곳저곳으로 옮겨 다녔을 거예요. 어떤 길을 이용했나요? 흙길이나 풀이 있는 길을 걸었나요?

아　동: 아니요. 포장도로를 다녔어요.

아　동: 인도로 다녔어요. 흙이었던가? 기억이 잘 안나요.

아　동: 시멘트 길이요.

아　동: 학교 교문에서 교실로 갈 때 운동장 옆길을 가는데 거긴 흙이 없어요.

아　동: 거의 안 걸었어요.

아　동: 맞아요. 차를 타고 다녀요.

치료사: 요즘에는 우리가 매일 걸어 다닌다고 해도 대부분 흙길보다는 보도블록이 깔려 있는 길을 걸어요. 그러다 보니 길가에 예쁘게 피


아동의 창의성 발달을 위한 긍정적 원예치료

어 있는 들풀을 보는 것도 참으로 어려워요. 하지만 가로수 아래
나 길가 돌 틈 등에서 조금이라도 흙이 있으면 거기서 생명을 틔
우는 어린 풀들을 볼 수가 있어요. 어려운 환경 속에서도 최선을
다해서 꽃을 피우고 살아가는 풀들이 참으로 대견하답니다. 그리
고 조금만 걸어서 나오면 이렇게 예쁜 들풀들이 모여 있는 곳을
찾을 수 있어요. 여기 많은 들풀들이 있는데 우리들처럼 작지만
예쁜 이름을 가지고 있답니다. 유심히 관찰해 볼까요?

아　동: 이건 민들레 같아요. 책에서 봤어요.

아　동: 자세히 보면 모양이 다 달라요.

아　동: 많이 봤는데 이름은 모르겠어요.

아　동: 선생님 이건 이름이 뭐예요?

아　동: 우리 집 근처에도 많이 보았던 풀인데 이름은 모르겠어요.

치료사: 여기 예쁜 풀들도 있고 나무 아래에 보면 나뭇잎들도 많이 떨
어져 있죠? 식물 채집을 해서 건조한 다음 재미있고 창의적인
작품을 만들 예정이에요. 모양이 다른 다양한 잎들을 채집하도
록 해요. 그런데 잎이 너무 두꺼워서 물이 많으면 건조가 잘
안 되니까 최대한 얇은 것으로 다양한 모양들을 채집하도록 해
요. 각자 10개씩만 채집하면 됩니다.


**덧붙이기**: 식물 채집은 자연을 탐구, 관찰하는 계기가 되며 식물을 채집
하여 누르고 건조시키는 과정을 통해 식물표본을 직접 체험하거나 식물도
감을 이용하는 것과 같은 학습 효과를 줄 수 있다. 그러나 학습을 주목표
로 이루어지는 활동이 아니므로 프로그램을 처음 실시할 경우에는 좀 더


Ⅲ. 긍정적 심리학을 적용한 원예치료 프로그램의 실제

가볍게 이루어지는 것이 좋다. 따라서 식물을 채집하는 과정을 통해 자연에 대한 감수성을 일깨우도록 돕는 것이 중요하며 계절에 따라 꾸준히 실시한다면 계절감을 느낄 수 있는 좋은 기회가 될 것이다.

채집한 식물 건조매트에 올리기


아동의 창의성 발달을 위한 긍정적 원예치료

# 식물 채집하기

이름: ___________________

채집 날짜:　　　　　　　년　　　　월　　　　일

식물 이름:

식물이 자라는 곳:

채집한 식물 붙이는 곳

소감을 적으세요.

# 나를 닮은 식물 찾기

이름: ________________

자연 속에서 내가 찾은 식물이 무엇인지 적으세요.

식물의 특징을 살려 그림으로 그려 보세요.

나를 닮은 이유를 적으세요.

## ● 프로그램: 압화로 그림 그리기

**치료목적**: 주의집중력 및 창의성 향상

**활동재료**

- 주요 소재: 압화
- 부소재: 시트지, 색종이, 색연필, 크레파스, 핀셋, 가위, 풀, 기록지, 필기도구 등

**활동시간**: 1시간 50분

**활동방법**

- 꽃을 골고루 나눈다.
- 꽃잎을 하나씩 모두 분리한다(색상과 면을 중심으로 만들도록 한다).
- 주제를 정한다(또는 자유 주제).
- 압화를 이용하여 디자인한다.
- 풀로 움직이지 않도록 고정한다.
- 시트지로 마무리한다.

**유의점**

- 압화는 꽃 형태를 그대로 쓰지 않도록 하여 다양하게 적용할 수 있도록 한다.
- 압화는 함께 나누어 쓸 수 있도록 지도한다.

– 압화는 두꺼운 것을 피하여 시트지가 잘 붙도록 한다.

## 내 용

치료사: 배경이 진한 파랑이라서 하늘이나 바다처럼 보이기도 하는데
　　　　너무 궁금하네요. 무엇을 만들었는지 발표해 주세요.

아　동: 제목은 '반딧불이'입니다. 3학년 때 가족들과 함께 외할머니 댁
　　　　에 갔었는데 그때 본 반딧불이 생각나서 만들었어요. 아주 어
　　　　두웠는데 어떤 불빛이 반짝반짝거리는 것이 궁금해서 자세히
　　　　들여다봤더니 반딧불이였어요. 그때 너무 신기하고 좋았거든
　　　　요. 노란 팬지가 반딧불이예요.

치료사: 그때의 기억을 떠올리며 '반딧불이'라는 멋진 작품을 만들었군
　　　　요. 그날을 생각하며 작품을 만든 이유가 있을까요?

아　동: 행복했던 순간을 떠올려 보라는 선생님 말씀을 듣고 가장 먼저
　　　　생각이 났어요. 그날 가족들과 함께 산책을 하며 정말 행복한
　　　　느낌이 들었어요. 또 가고 싶어요.

12세 남아: 반딧불이

14세 여아: 물고기들


아동의 창의성 발달을 위한 긍정적 원예치료

7세 남아: 물고기 나라        7세 남아: 과일나무

아　동: 바다 속을 자유롭게 헤엄치는 물고기들을 만들었어요. 잎 모양
　　　　이 물고기 같았거든요.

치료사: 정말 표현을 잘한 것 같아요. 꽃잎의 색깔과 모양에 따라 각각
　　　　다른 종류의 물고기가 만들어졌네요. 물고기들이 바다 속을 자
　　　　유롭게 헤엄치는 것 같아요. 이 물고기들의 기분은 어떨까요?

아　동: 좋을 것 같아요. 공기가 없어도 숨이 차지 않고 가고 싶은 곳
　　　　으로 계속 갈 수 있잖아요. 자유로워요.

치료사: ○○이는 물고기처럼 자유롭게 어디든지 갈 수 있다면 가 보
　　　　고 싶은 곳이 있나요?

아　동: 세계 모든 곳을 가 보고 싶어요. 여행하면 신나고 재미있을 것
　　　　같아요.

치료사: 함께 가고 싶은 사람이 있어요?

아　동: 엄마, 아빠, 할머니와 다 같이 가고 싶어요.


Ⅲ. 긍정적 심리학을 적용한 원예치료 프로그램의 실제

치료사: 가족들과 같이 가고 싶은 거군요.

아  동: 네.

바다                                          가족

책갈피                                        공책


아동의 창의성 발달을 위한 긍정적 원예치료

**덧붙이기**: 압화는 다양한 색상과 모양을 하고 있어 그것을 보며 무언가를 연상하기 쉬운 장점이 있다. 그리고 아동의 일상생활에서 자주 쓰이는 문구 등에 적용 가능할 뿐만 아니라 섬세한 작업이 이루어지지 않고 꽃을 놓기만 하여도 손쉽게 완성할 수 있어 작품 완성도에 대한 부담을 덜 수 있다. 아동과 친숙한 크레파스와 색연필 등을 함께 준비하고 적극적인 표현을 지지하도록 한다. 간단한 표현으로도 가능한 주제를 주거나 곤충, 동물 등 친숙한 주제를 주는 것에서 자신의 기분이나 추억을 회상하며 표현하거나 추상적이며 섬세한 작업을 요하는 순으로 이끌어 가는 것이 좋다. 또한 작품을 완성한 후 주제와 느낌에 대해 공감하며 긍정적인 피드백으로 자신감을 높이고 동기부여할 수 있도록 지지하는 것이 무엇보다도 중요하다.


## ● 프로그램: 압화부채 만들기

**치료목적**: 주의집중력 및 창의성 향상


**활동재료**

- 주요 소재: 압화
- 부소재: 부채, 시트지(풀 한지), 다리미, 색종이, 색연필, 크레파스, 핀셋, 가위, 풀, 기록지, 필기도구 등


**활동시간**: 1시간 50분

**활동방법**

- 부채로 할 수 있는 재미있는 놀이들을 하며 흥미를 일으킨다.
- 선풍기와 비교하며 부채의 장점에 대해 얘기를 나눈다.
- 주제를 정하고 다양한 소재를 이용하여 디자인한다.
- 완성 후 작품 제목과 소감 등을 기록하고 발표한다.


**유의점**

- 압화, 색종이 등이 너무 두꺼울 경우 흡착이 어려우므로 주의한다.
- 풀 한지를 이용할 경우 다리미는 아동이 직접 사용하지 않도록 한다.
- 압화 부채는 계절에 맞추어 사용하면 더욱 좋다.


**내　용**

치료사: 각자 만든 부채에 대해 발표해 봅시다.

아　동: 제가 만든 부채의 이름은 '신나는 여름철'입니다. 왜냐하면 여름이 되면 더운데 이 부채가 있으면 시원하게 보낼 수 있기 때문입니다. 엄마, 아빠가 여름철에 더우시면 부쳐 드릴 거예요.

아　동: '시원한 바다'입니다. 엄마, 아빠께 안마도 해 드리고 부채로 시원하게 매일매일 부쳐 드릴 거예요.

아　동: '숲 속에 나비'입니다. 꽃잎으로 나비를 만들었어요. 나중에 또 이것을 만들고 싶다는 느낌이 들었습니다. 그리고 이것은 외할머니께 드리고 싶습니다.

아　동: 제목은 '자연'입니다. 나비, 꽃나무 등을 만들었습니다. 선물은


아동의 창의성 발달을 위한 긍정적 원예치료

가족에게 줄 것이고 가져가서 텔레비전 옆에 둘 거예요. 그러
면 더울 때마다 부칠 수 있어요.

치료사: 친구와 부채로 서로 부쳐 보았는데 기분이 어떤가요?

아  동: 내가 부채를 부칠 때는 팔이 아팠는데 다른 사람이 부채질을
해 줄 때는 내가 위대한 사람이 된 느낌이고 편하고 팔도 아
프지 않았어요. 시원했어요.

시원한 부채

# ● 프로그램: 나를 이미지화하여 나무 상자 꾸미기

**치료목적**: 주의집중력 및 창의성 향상


**활동재료**

- 주요 소재: 압화
- 부소재: 나무, 다양한 색상의 유성물감, 붓, 색종이, 신문지, 시트지,
  가위, 풀, 기록지, 필기도구 등


**활동시간**: 1시간 50분


**활동방법**

- 나무상자 등 아동이 직접 생활에 쓸 수 있는 것을 준비한다.
- 원하는 색상을 선택한다.
- 붓으로 전체를 칠한다.
- 마를 때까지 그늘에서 말린다.
- 다 마른 뒤 압화를 이용하여 장식한다.
- 시트지로 마감한다.


**유의점**

- 압화를 색이나 면으로 사용하여 디자인하도록 지도한다.
- 유성물감이 옷 등에 묻지 않도록 지도한다.
- 유성물감을 트인 공간에서 칠하도록 한다.


아동의 창의성 발달을 위한 긍정적 원예치료

- 물감 등을 이용할 경우 충분히 마른 후 이용한다.
- 우유팩 등 폐 용기를 이용할 경우 물감보다는 색종이 등을 이용하면
  더욱 표현하기 쉽다.


## 내 용

치료사: 만든 작품을 소개해 주고 어떻게 활용할지 발표해 보도록 해요.

아  동: 작은 장미와 나뭇가지를 이용하여 제 이름의 첫 자인 '황' 자
        를 완성하였습니다. 그리고 주변에는 꽃으로 이니셜을 만들어
        붙였습니다. 나머지에는 물고기와 나비를 만들었습니다. 저는
        담임선생님께 선물하고 싶어요.

아  동: 저는 친구들이 고양이와 닮았다고 해서 고양이를 만들어 붙였
        어요. 그리고 또 제가 좋아하는 꽃과 나비를 만들었어요. 잘
        만들었다고 생각돼요. 너무 재미있었고 저는 학교에 가서 친구
        에게 자랑하고 싶어요.

아  동: 저는 웃고 있는 제 얼굴을 만들었어요. 그리고 만든 것은 현관
        앞에 두고 열쇠 통으로 쓸 것입니다. 그러면 가족들이 함께 열
        쇠를 담는 통으로 쓸 수 있어요.


Ⅲ. 긍정적 심리학을 적용한 원예치료 프로그램의 실제

10세 여아: 나의 보석상자

**덧붙이기**: 나무상자가 아니더라도 우유팩이나 다양한 폐 용기를 이용할 수 있으며 자신의 이미지를 떠올려 보도록 하고 그 이미지 중에서 긍정적인 이미지를 선택하여 꾸미도록 한다. 그러므로 사전작업으로 다른 사람들이 보는 나의 모습과 자신이 바라보는 나의 모습, 다른 사람들은 알지 못하는 실제 나의 모습 등을 적어 보고 그 공통점과 차이점에 대해서 얘기해 보도록 한다. 이러한 자신의 모습, 이미지에 대해 구체화함으로써 자기 자신을 직면할 수 있는 기회를 가질 수 있으며 긍정적인 모습에 초점을 맞춤으로써 좀 더 긍정적인 자신을 표현하도록 지지한다.


아동의 창의성 발달을 위한 긍정적 원예치료

## ◉ 프로그램: 버선 포푸리 주머니 만들기

**치료목적:** 주의집중력 및 창의성 향상

**활동재료**
- 주요 소재: 포푸리 또는 커피원두
- 부소재: 버선 주머니(또는 일반 포푸리 주머니), 바늘, 조화, 실, 가위, 글루, 글루건, 기록지, 필기도구 등

**활동시간:** 1시간 50분

**활동방법**
- 커피원두나 향이 나는 다양한 포푸리의 향을 맡아 본다.
- 어떤 향기와 비슷한지 얘기해 본다.
- 주머니를 나누어 주고 2/3만큼 원두를 채운다.
- 바늘과 실을 이용하여 주머니를 꿰맨다.
- 주어진 재료를 이용하여 다양한 방법으로 손잡이를 각자 만든다.
- 부재료를 사용하여 장식한다.

**유의점**
- 바늘, 글루건 등을 안전하게 사용할 수 있도록 주의를 기울인다.
- 아동의 나이를 고려하여 바늘과 실을 준비하고 어려움이 있을 경우 직접 글루건으로 붙인다.


Ⅲ. 긍정적 심리학을 적용한 원예치료 프로그램의 실제

내 용

치료사: 바늘과 실을 준비했어요. 여러분 바늘과 실로 어떤 일을 할 수
있는지 얘기해 볼까요?

아  동: 바느질해요.

아  동: 엄마가 바늘로 양말 같은 것을 꿰매요.

아  동: 학교에 걸레를 만들어 갈 때 수건을 반 자르고 걸레를 접어서
바늘과 실로 꿰맸어요.

치료사: 그럼 직접 바늘과 실로 양말 같은 것을 꿰매 본 친구가 있나요?

아  동: 저요.

아  동: 엄마가 해 줘요.

아  동: 할 수 있어요.

치료사: 주머니에 원두를 채우고 난 뒤에 원두가 빠지지 않도록 끝을
바늘과 실을 이용해서 꿰매면 돼요. 먼저 선생님이 시범을 보
일게요. 직접 본 후 여러분이 자신의 것을 직접 꿰매 보도록
할게요.

치료사: 바느질 처음 해 본 친구도 있었는데 오늘 만들어 본 소감을 발
표해 봐요. 그리고 여러분이 정성스럽게 만든 걸 어디에 두면
될까요? 선물을 하고 싶은 사람이 있나요?

아  동: 화장실에 걸어 두면 좋을 것 같아요.

아  동: 현관 입구에 놔두면 신발 냄새가 안 날 것 같아요. 그럼 다 같
이 볼 수 있어요.

아  동: 제 방에 둘래요.

아  동: 바느질이 힘들었는데 다음엔 더 잘할 수 있을 것 같아요.


아동의 창의성 발달을 위한 긍정적 원예치료

아　동: 실이 바늘에 잘 들어가지 않아서 힘들었어요.

아　동: 재미있었어요.

아　동: 우리 부모님께 선물하고 싶어요. 부모님께서는 일을 하셔서 힘
　　　　들어하시니까요.

아　동: 저는 제가 만든 거니까 당연히 제가 가져야 된다고 생각해요.

아　동: 엄마 드리고 싶어요. 매일 늦게까지 일을 하시니까요.

아　동: 아빠 드리고 싶어요. 나를 위해 힘들게 일을 하니까요.

아　동: 부모님께 드리고 싶어요.

아　동: 향기 나는 부모님을 만들고 싶기 때문입니다.

치료사: 향기를 맡아 보고 어떤 향이 나는지 맞혀 봐요.

아　동: 장미는 진하고 녹차 냄새가 나요. 크린베리는 장미보다 연하고
　　　　유칼립투스는 냄새가 엄청 연한데 향긋해요.

아　동: 장미는 달콤하고 맛있는 냄새가 나요. 유칼립투스는 조금 지독
　　　　하고 크린베리는 향수 냄새가 나요.

아　동: 향기가 너무 진하지만 기분이 좋아진 것 같아요.

아　동: 비누 냄새 같아요.

치료사: 향기 나는 포푸리 주머니를 어떻게 했나요?

아　동: 제가 엄마에게 선물해 드렸더니 엄마가 아빠 차에 뒀어요. 그런
　　　　데요, 엄마 차에 둘 게 없어요. 선생님 하나 더 만들면 안 되나요?

아　동: 엄마가 커피 향이 좋다고 했어요.

아　동: 잘 만들었다고 칭찬받았어요.



Ⅲ. 긍정적 심리학을 적용한 원예치료 프로그램의 실제

버선모양 포푸리 주머니

## ● 프로그램: 허브 비누 만들기

**치료목적**: 주의집중력 및 창의성 향상

**활동재료**

- 주요 소재: 허브(카모마일)
- 부소재: 비누 소지, 아로마오일, 꿀, 허브, 따뜻한 물, 비닐 팩, 기록
  지, 필기도구 등


아동의 창의성 발달을 위한 긍정적 원예치료

**활동시간**: 1시간 50분

**활동방법**

- 따뜻한 물에 건조허브를 넣어 허브 물을 우려낸다(손으로 직접 만지
  도록 하여 후각과 더불어 촉감으로도 느낄 수 있도록 한다).
- 비누 소지에 우려낸 허브 물을 붓는다(건조 허브를 함께 넣어도 좋다).
- 골고루 잘 섞는다.
- 아로마 오일과 꿀을 첨가한다.
- 허브 잎 등을 이용하여 각자 다양한 모양으로 비누를 만든다.
- 완성 후 그늘에 말린 후 사용한다.

**유의점**

- 허브를 따뜻한 물에 우려낼 때 아동이 직접 손으로 만지도록 지도하
  고 이때 물 온도를 미리 체크하여 안전에 유의한다.
- 비누 가루의 경우 입자가 날리는 불편함이 있으므로 반죽시간이 더
  걸리더라도 비누 소지를 사용하는 것이 좋다.
- 아로마 오일을 사용하므로 창문을 여는 등 환기에 주의한다.
- 획일적인 비누 양보다는 창의력을 발휘하여 다양한 디자인이 나올
  수 있도록 지도한다.
- 아로마 오일이나 허브를 사용할 경우 부작용이 있을 수 있으므로 적정
  량을 첨가한다. 또한 방부제가 없으므로 빨리 사용하도록 지도한다.

내 용

치료사: 지금 좋은 향기가 나죠? 무슨 향인지 맞혀 봐요.

아　동: 오이 냄새가 나는 것 같아요.

아　동: 복숭아 향이 나는 것 같아요.

아　동: 풀냄새가 나는 것 같아요.

치료사: 이 향은 허브 향이에요. 이름이 ○○○○이라고 하는데 이름을 알고 다시 맡아 볼까요.

아　동: 냄새가 강해요.

아　동: 이거 목욕할 때 나는 향기랑 비슷해요.

치료사: 허브 비누에 ○○○○을 넣을 거예요. 이 허브는 우리 피부를 좋게 해 주는 성분이 있다고 합니다. 그럼 직접 물을 우려내 볼까요.

아　동: 네!!!

치료사: 카모마일 허브를 물에 넣으니까 어떤 변화가 일어났나요?

아　동: 노란 허브 꽃을 넣으니까 물 색깔이 노란색으로 달라졌어요.

아　동: 그냥 비누 냄새는 안 좋았는데 꽃을 넣어서 향도 좋아졌어요.

아　동: 향이 달콤해요.

아　동: 꿀 먹어도 되는 거 맞죠? 왜 넣어요?

치료사: 꿀을 넣으면 피부에도 좋을 뿐만 아니라 반죽이 더 잘돼요.

치료사: 직접 비누를 만들어 본 소감을 얘기해 볼까요?

아　동: 처음에는 잘될 것 같았는데 막상 해 보니 조금 어려웠어요. 주고 싶은 사람이 많아서 작게 만들었어요.

아　동: 주전자와 컵 모양의 비누를 만들었어요.


아동의 창의성 발달을 위한 긍정적 원예치료

치료사: 시중에 파는 일반 비누와 어떻게 다를까요?

아　동: 우리가 직접 만들었으니까 소중해요.

아　동: 허브를 넣어서 손에 더 좋아요.

아　동: 세상에 하나밖에 없는 비누예요.

아　동: 허브와 꿀이 들어가서 피부에 더 좋아요.

치료사: 지난주에 만든 허브비누를 어떻게 했나요?

아　동: 가져가서 하나씩 선물했는데 친구와 선생님 그리고 가족들이
　　　　잘했다고 했어요.

아　동: 점점 딱딱해져서 비누처럼 됐어요. 우리 가족들이 같이 써요.

아　동: 쓰면 모양이 달라질까 봐 그대로 텔레비전 위에 올려놓았어요.
　　　　비누에서 향이 나요.

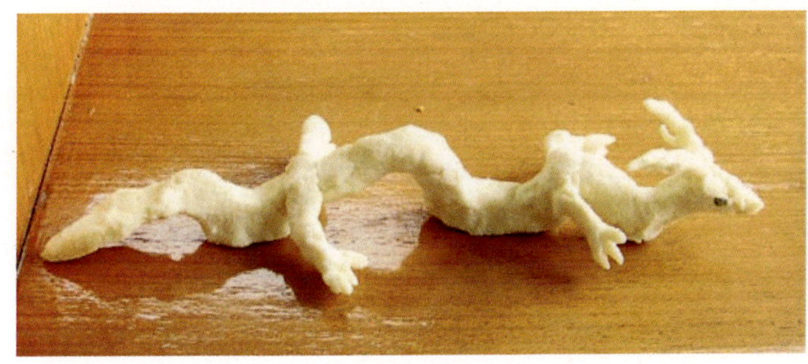

하늘을 나는 용

고양이가 좋아

## ● 프로그램: 계절 느끼기(시, 연극 창작)

**치료목적**: 주의집중력 및 창의성 향상

**활동재료**

- 주요 소재: 자연
- 부소재: 카메라, 식물 사전, 기록지, 필기도구 등


**활동시간**: 1시간 50분


**활동방법**

- 4~5명 정도의 그룹으로 나눈다.
- 가까운 실외로 나간다.
- 프로그램의 목적을 간략하게 설명한다.
- 자연을 관찰하고 느낄 수 있도록 충분한 시간을 준다.
- 주제를 정하여 자유시나 오행시 또는 연극을 그룹별로 만들도록 한다.
- 일정 시간 후 그룹별로 발표한다.


**유의점**

- 계절의 변화를 느낄 수 있으며 야외 활동하기에 좋은 봄, 가을이 특히 좋다.
- 먼 곳보다는 학교나 시설 주변에서 나무와 풀 등이 있는 곳으로 선택하여 아동이 평소 생활 속에서 자주 접하는 곳을 선택하는 것이 좋다.
- 그룹 발표 시 모든 아동이 참여할 수 있도록 지도한다.
- 자연관찰 후 낙엽 줍기 등의 간단한 과제를 줄 때는 낙엽수 등을 구체적으로 말하는 것이 좋다.


아동의 창의성 발달을 위한 긍정적 원예치료

내 용

치료사: 가을 하면 생각나는 것이 무엇인가요?

아  동: 주황색, 고추잠자리, 밤, 붕어빵, 은행나무, 단풍나무. 그리고
        은행잎이 물들어요.

아  동: 책, 높은 하늘, 주황색이 생각나요.

아  동: 홍시가 생각나요.

치료사: 흙길(낙엽)을 밟아 본 느낌이 어떤가요?

아  동: 푹신푹신하기도 하고 거친 느낌도 났고 재미있었어요.

아  동: 눈 밟는 소리, 부스럭 소리가 났어요. 기분이 좋았어요.

치료사: 낙엽을 보거나 만져 봤을 때 느낌이 어땠나요?

아  동: 낙엽을 비비니까 쓱쓱 소리가 났어요.

아  동: 앞면은 조금 부드럽고 뒷면은 거칠어요.

아  동: 땅에 떨어진 나뭇잎을 보니까 나무가 불쌍하다는 생각이 들어
        요. 단풍잎이 불쌍해요.

아  동: 낙엽으로 놀 수도 있고 만들기도 할 수 있어서 참 신기해요.
        은행잎은 노란색에 부채모양이고 단풍잎은 빨간색에 손모양이
        어서 정말 예뻐요.


Ⅲ. 긍정적 심리학을 적용한 원예치료 프로그램의 실제

가을

길가에 핀 코스모스
나를 보고 웃고 있네.
예쁜 옷 갈아입고
가을 구경하나 봐.
누가누가 더 예쁜지
구름에게 물어볼까?


가을

가을이 왔네.
가을이 오니
못 보던 식물과
동물이 보이네.

가을이 왔네.
가을이 오니
사람들의 옷차림이
달라지네.
달라지네.

가을은 정말 대단하고
대단하네.
온 세상이 바뀌어지는 게
신기하네.
신기하네.


아동의 창의성 발달을 위한 긍정적 원예치료

낙엽

빨간 단풍잎 노란 단풍잎
땅으로 팔랑팔랑 떨어지네.
마른 단풍잎 매끈한 단풍잎
높은 하늘은 맑고
잠자리는 기분 좋게
날아다닌다.


가을

가을은 어린이가 좋아하는 계절
푸석푸석 거리는 낙엽을 가지고 노니까요.
가을에는 나뭇잎의 종류가 너무 많다.
쉰 냄새가 조금 나는 은행잎, 여러 가지 색들의 낙엽
가을에는 여러 가지 재미난 곤충들이 많다.
잠자리, 사마귀, 개미 등 여러 가지 곤충
가을에는 우리가 제일 좋아하는 계절
여러 가지 음식들, 귤, 사과, 새콤달콤하고 맛있는 음식들
가을은 참 좋은 계절이다.


바람

바람은 요술쟁이
착한 바람은
농부들이 일을 할 때
시원하게 해 주는
착한 바람


Ⅲ. 긍정적 심리학을 적용한 원예치료 프로그램의 실제

계절 느끼기

## 🟢 프로그램: 이야기가 있는 자연물 콜라주

**치료목적**: 채집한 자연물과 다양한 건조 재료를 이용한 흥미유발, 집중
력 및 창의성 향상

### 활동재료

- 주요 소재: 자연물(솔방울, 이끼, 나무껍질, 나뭇잎, 말린 재료 등)
- 부소재: 베니어합판(또는 우드락이나 두꺼운 종이), 목공용 본드, 마
   끈, 네임펜, 기록지, 필기도구 등

**활동시간**: 1시간 50분


**활동방법**

- 2인 1조 또는 팀을 나눈다.
- 직접 채집한 자연물들을 관찰하기
- 주제 정하기(주제를 제시)
- 디자인 생각하며 그리기
- 재료 붙이기
- 만든 작품에 제목 및 이야기 만들기
- 완성한 작품을 놓고 싶은 장소에 놓고 발표하기


**유의점**

- '행복했던 경험', '좋아하는 사람', '자연물을 채집할 때 인상 깊었던 일' 등의 긍정적인 주제를 미리 제시하도록 한다. 또는 채집한 자연물을 보고 떠오르는 주제를 자유롭게 정하도록 하여 만들어도 좋다.
- 건조되지 않은 재료의 경우 수분으로 인해 변질이 되어 오래 보관하기 어려우므로 건조된 재료만 사용하는 것이 좋다.
- 직접 자연물을 채집한 후 실시하면 더욱 효과적이며 채집 시에는 자연을 훼손하지 않도록 유의한다.
- 목공용 본드를 이용할 때는 주의를 기울인다.
- 그룹 또는 개인프로그램으로 활용이 가능하다.



Ⅲ. 긍정적 심리학을 적용한 원예치료 프로그램의 실제

## 내 용

치료사: 직접 채취한 자연물을 꺼내 볼까요. 무엇 무엇을 채집했나요?

아　동: 솔방울이요.

아　동: 예쁜 모양의 돌도 주웠어요.

아　동: 나무껍질과 도토리도 주웠어요. 도토리가 정말 많았어요.

치료사: 모두 건조된 것들이네요. 딱딱해서 썩지 않고 오랫동안 보존이
　　　　가능할 것 같아요. 우리가 직접 채집한 자연물을 이용해서 팀
　　　　별로 재미있는 것을 만들어 봐요. 그리고 만든 작품으로 작은
　　　　이야기도 지어서 발표해요.

아　동: 제목은 '물속 세상'입니다. 함께 생태체험에 갔었던 ○○대
　　　　학교에 있는 연못입니다. 그곳에는 물속 식물과 올챙이, 물
　　　　고기도 있습니다. 연못에는 대학생들과 그곳에 놀러오는 사
　　　　람들이 쓰레기를 많이 버려서 연못이 더러워져서 안에 살고
　　　　있는 것들이 죽거나 썩고 있었습니다. 그렇지만 대학생 언
　　　　니, 오빠들이 연못에 들어가 쓰레기를 줍고 청소해서 한 달
　　　　뒤 깨끗해졌습니다.

아　동: 제목은 '산'입니다. 남자가 등산을 하러 갔습니다. 그곳에는 꼬
　　　　리가 긴 다람쥐가 있고, 큰 참새도 있었습니다. 그리고 꽃도 있
　　　　고, 풀, 소나무, 단풍잎도 있었습니다. 아저씨는 그곳이 마음에
　　　　들어서 '훌랄라' 하며 춤을 췄습니다. 그곳은 백두산이었습니
　　　　다. 아저씨는 그곳에 살게 되었습니다.


아동의 창의성 발달을 위한 긍정적 원예치료

물속 세상

산



Ⅲ. 긍정적 심리학을 적용한 원예치료 프로그램의 실제

# 참고문헌


강상은(2003). 원예치료가 아동의 게임중독과 공격성 완화에 미치는 영향, 대구가
　　톨릭대학교 대학원 석사학위논문.

강해자·노명래·이영현(1999). 원예치료가 아동의 불안감소에 미치는 영향, 한국
　　식물인간환경학회지 2(3): 13 - 22.

강혜영(2004). 원예활동 프로그램이 아동의 공격성에 미치는 효과, 제주대학교 교
　　육대학원 석사학위논문.

고선경(2006). 향식물을 활용한 원예활동이 초등아동의 주의집중력과 스트레스에
　　미치는 영향, 서울교육대 교육대학원 석사학위논문.

국가인권위원회(2004). 인권백서 제1집.

공경희(2002). 시설아동의 사회부적응 행동 특성에 관한 비교 연구, 건국대학교 대
　　학원 석사학위논문.

곽혜란·박미령(2004). 슈타이너 실제 심리학을 기반으로 한 원예활동이 아동 행동
　　및 정서 발달에 미치는 영향, 한국식물인간환경학회지 7(4): 7 - 17.

곽혜란·Pula Diane Relf(2000). 장애아동을 위한 원예치료, 대체치료의 일환으
　　로서의 원예치료, 미국의 사례를 중심으로, 한국식물인간환경학회지 3(1): 39
　　- 49.

권낙원(1985). 국민학교 교육과정 평가 연구, 서울: 한국교육개발원.

김경진(2003). 사회복지 시설아동의 정서불안에 영향을 미치는 요인에 관한 연구,
　　목원대학교 산업정보대학원 석사학위논문.

김남숙(2004). 저소득층 아동의 공부방에 대한연구, 대전대학교 경영행정 사회복지
　　대학원 석사학위논문.

김마리·김원섭(2003). 소아간질에서의 뇌파의 유용성, 충북의대학술지 13(1): 30

- 43.

김루비(2007). 홀리스틱원예치료가 문제청소년의 스트레스와 집중력에 미치는 영향, 대구가톨릭대학교 대학원 박사학위논문.

김순애(1985). 결손가정 아동의 성격특성에 관한 연구, 성신여자학교 교육대학원 석사학위논문.

김정혜(2003). 원예활동이 정신지체아동의 부적응행동에 미치는 영향, 광주교육대학교 교육대학원 석사학위논문.

김지현(2007). 사회적 기술을 적용한 원예치료가 성인여성 정신지체인의 대인관계와 사회성 향상에 미치는 효과, 건국대학교 대학원 석사학위논문.

김지혜·조선미·홍창희·황순택(2005). 한국아동인성평정척도, 서울: 한국가이던스

김재은(1974). 한국 가족의 집단성격과 부모자녀관계에 관한 심리학적 연구, 이화여자대학교 대학원 박사학위논문.

김형득(2008). 우리나라 원예치료 연구사례, 2008 원예치료 국제심포지엄, 농촌진흥청 원예연구소.

김홍열(2003). 원예치료학 이론과 실제, 대구: 대건출판사.

노병섭(2003). 초등학생의 교우관계와 정서지능 및 창의성의 관계, 한국교원대학교 교육대학원 석사학위논문.

문용린(1996). 정서지능의 의미와 중요성, 성숙한 감성교육의 방향, 유아교육학술대회발표 논문집, 서울: 사단법인 한국어린이육영회.

박미경(2006). 시설보호 아동과 일반가정 아동의 정서지능, 사회적 능력과 학교생활 만족의 관계, 가톨릭대학교 교육대학원 석사학위논문.

박승현(1999). 원예치료가 아동의 우울성에 미치는 효과, 순천향대 산업정보대학원 석사학위논문.

서은국·성민선·김진주 옮김(2007). 긍정 심리학 입문, 서울: 박학사.

서정근·이상미(2004). 원예치료 과정의 적용과 실제, 서울: 단국대학교출판부.

성영혜·김연진(1997). 아동복지, 서울: 동문사.

손기철·박석근·부희옥·배공영·백기엽·이상훈·허북구(2006). 원예치료, 서울: 중앙생활사.

손기철·이종섭·이손선(1999). 동양식 및 서양식 꽃꽂이의 시각적 감상이 인간의

뇌파변화에 미치는 영향, 제2회 한국원예치료연구회 학술 심포지엄, 원예치료의 적용과 실제, 한국원예치료연구회: 23 – 33.

손기철·조문경·송종은·김수연·이손선(2006). 전문적 원예치료의 실제, 서울: 쿠북.

송영란(2003). 원예치료가 시설 아동들의 행동발달 및 정서함양에 미치는 영향, 대구가톨릭대학교 석사학위논문.

송인섭(1998). 인간의 자아개념 탐구, 서울: 학지사.

송진수(2004). 지지적 원예치료와 실내정원이 고등학생의 스트레스 감소에 미치는 영향, 건국대학교 대학원 석사학위논문.

양연숙(2000). 영아의 타인양육 경험에 따른 어머니에 대한 애착과 정서조절, 경희대학교 대학원 박사학위논문.

오경자·이혜련·홍강의·하은혜(1997). K – CBCL 아동·청소년 행동평가척도, 서울: 중앙적성출판사.

오채근(2005). 비교정신분석학, 서울: 한국심리치료연구소.

오현숙(2002). Fair 주의집중력검사, 서울: 중앙 적성 출판사.

오혜영(2002). 한국아동용 MFFT의 표준화 연구, 성균관대학교 대학원 박사학위논문.

오혜영·김남성(2004). 한국아동충동성검사, 서울: 한국가이던스.

우희정(1997). 아동기 스트레스 요인에 관한 조사연구, 광주대학교 인문과학연구소, 인문과학 3: 115 – 125.

유미숙(1980). 보호시설 아동과 일반가정 아동의 성격특성의 비교, 아동연구 4(1): 39 – 51.

유병안(2004). 간질환자의 뇌파검사 결과 분석, 인제대학교 보건대학원 석사학위논문.

육미라(2003). 원예치료가 결손가정 아동과 정상가정 아동의 자아존중감 및 사회성 향상에 미치는 영향, 건국대학교 농축대학원 석사학위논문.

윤길근·강진영(2004). 창의성 신장을 위한 교육방법, 서울: 문음사.

윤미경(1993). 국민학교 아동의 자아개념과 창의성간의 관계연구, 숙명여자대학교 대학원 석사학위논문.

윤숙영(2007). Pincus의 재활실천이론에 근거한 원예치료 적용이 치매노인의 일
    상 활동 기능 및 생리적 변화에 미치는 영향, 대구가톨릭대학교 대학원 박
    사학위논문.

윤순구(2001). 재배활동이 아동들의 인성변화에 미치는 영향, 서울교육대 교육대학
    원 석사학위논문.

윤종문(2006). 원예활동이 초등학생의 폭력성 변화에 미치는 영향, 전주교육대학교
    교육대학원 초등실과교육전공 석사학위논문.

이경숙·서수정·신의진(2000). 학령기 아동들의 부모에 대한 애착관계가 거부민
    감성 및 또래 관계에 미치는 영향, 소아·청소년정신의학 11(1): 51 - 59.

이계영(1974). 환경에서 오는 아동의 성격특성에 관한 고찰 - 시설아를 중심으로,
    이화여자대학교 대학원 석사학위논문.

이기문 감수(1990). 동아 새국어사전, 서울: 동아출판사.

이명희(2005). 원예활동이 유치원 아동의 문제행동 및 기능에 미치는 영향, 단국대
    학교 대학원 석사학위논문.

이민선·박석윤·오경옥·김재문·정기영·구자형(2004).                    SEEG(Statical
    Electoence- phalogram) 분석 기법에 의한 꽃의 시각적 감상이 뇌파변화에 미치
    는 영향, 한국식물인간환경학회지 7(4): 65 - 69.

이상기(2006). 원예활동이 아동의 사회성과 스트레스에 미치는 영향, 충남대학교
    교육대학원 석사학위논문.

이은숙·김홍열(2007). 원예활동이 취학전 아동의 사회성 발달에 미치는 영향, 한
    국식물인간환경학회지 10(1): 1 - 6.

이은주(1999). 부모-자녀 관계와 심리적 적용 및 또래 수용도간의 관계, 고려대
    학교 석사학위논문.

이정아·윤현숙·서정근·박천호(2006). 절화장미, 나리, 스톡의 향기가 중학생의
    학습 집중력, 정서안정 및 뇌파에 미치는 영향, 한국식물인간환경학회지
    9(2): 78 - 82.

이종섭·손기철·송종은·이손선(1998). 실내식물이 인간의 뇌파변화에 미치는
    영향, 원예활동의 심신치료적 효과, 서울: 한국원예치료연구회.

이재연·백정재(1997). 빈곤아동이 지각한 가정의 심리적 환경과 부적응 행동과의


아동의 창의성 발달을 위한 긍정적 원예치료

관계, 생활과학연구지 12(1); 71 – 93.

이현수(2008). 긍정적 심리학 입문, 서울: 시그마프레스.

이현정(1995). 아동이 지각한 교우관계의 질에 관한 연구, 숙명여자대학교 대학원 아동복지학과 아동상담전공 석사학위논문.

인천광역시교육과학연구원(1996). 창의성 교육의 이론과 실제, 인천: 인천광역시 교육과학연구원.

위영희(2000). 아동의 스트레스와 부모의 양육관련 변인, 교육발전 19(1): 47 – 65.

정순재·이영범·윤철호·조현구(2005). 원예치료가 정신지체장애인의 주의집중과 적응행동에 미치는 영향, 한국식물인간환경학회지 8(3): 38 – 44.

정옥분·정순화·임정하 공저(2007). 정서발달과 정서지능, 서울: 학지사.

정종세(2007). 원예활동이 초등학생의 정서지능에 미치는 영향, 전주교육대학교 교육대학원 초등실과교육전공 석사학위논문.

정종진(1996). 자아개념 진단 검사지 및 실시요강, 서울: 한국적성연구소.

조남희(2006). 원예치료가 저소득층 아동의 자아존중감과 사회성 향상에 미치는 영향, 건국대학교 농축대학원 석사학위논문.

조현구·정순재·이영병·윤철호(2003). 원예치료가 정신지체학생이 적응행동에 미치는 효과, 한국식물인간환경학회지 6(2): 35 – 41.

주은연(2004). 원예치료가 학습부진아의 행동특성 및 정서에 미치는 영향, 대구가톨릭대학교 대학원 석사학위논문.

최경숙(2007). 부모의 학업성취압력과 아동의 학업성취목표가 아동의 스트레스와 심리적 안녕감에 미치는 영향, 한양대학교 교육대학원 교육심리 전공 석사학위논문.

최영애(1999). 아동을 위한 원예치료 프로그램 개발과 효과에 관한 연구, 건국대학교 농축대학원 석사학위논문.

최영애·오대만·장유진·윤수희·허북구(2006). 공동체 정원 리더양성 프로그램을 통한 영구임대주택 주민의 능동적 삶의 질 향상에 관한 연구, 한국식물인간환경학회지 9(1): 1 – 6.

최중옥·김주창(2002). 주의력 결핍 아동의 행동변화를 위한 원예·압화 프로그램 구성과 실험설계 연구, 특수아동교육연구 4(2): 179 – 200.

하복순(2006). 압화를 이용한 원예치료가 청소년의 애퍼시와 집중력에 미치는 영향, 원광대학교 동서보완의학대학원 자연치료요법학과 원예치료전공 석사학위논문.

한인자(2005). 원예치료프로그램이 정신분열병 환자의 증상완화 및 재활에 미치는 영향, 대구가톨릭대학교 대학원 박사학위논문.

허상환(2003). 양육시설아동의 심리적 환경과 학교부적응에 관한 연구, 연세대학교 행정대학원 석사학위논문.

허승희(1993). 국민학교 아동을 위한 사회 정서적 고립척도 개발, 한국초등교육학회 초등교육연구 7(1): 19 - 32.

Ainsworth, M. D. S.(1969). Object relations, dependency, and attachment: A theoretical review of the infant - mother relationship. Child Development 40(4): 969 - 1025.

Asher, S. R. & Wheeler, V. A.(1985). Children's loneliness; A comparison of rejected and neglected peer status. Journal of Consulting and Clinical Psychology 53(4): 500 - 506.

Aspinwal, L.(2001). Dealing with adversity: Self - regulation, coping, adaptation, and health. In A. Tesser & N. Schwarz(Eds.).

Battaglia, S.(1995). The complete guide aromatherapy. the Perfect Potion(Aust) Pty Ltd. 70 - 86.

Blackwell Handbook of Social Psychology: Vol. 1. Interpersonal Process. Malden: Blackwell, 110.

Brenner, E. M. & Salovey, P.(1997). Emotion regulation during childhood: Developmnetal, interpersonal, and individual considerations. In P. Salovey & D. J. Sluyter(Eds), Emotional development and emotional intelligence. New York: Basic books.

Cantwell, D. P.(1996). Attention deficit disorder: A review of the past 10 years. Journal of American Academy Child and Adolescent Psychiatry 35(8): 978 - 987.

Cohen, S. & Wills, T.(1983). Stress, social support, and the buffering hypothesis. Psychological Bulletin 103: 310 - 357.


아동의 창의성 발달을 위한 긍정적 원예치료

Csikszentmihalyi, M.(1975). Play and intrinsic rewards. Journal of Humanistic Psychology 15(3): 41 − 63.

Csikszentmihalyi, M.(1990). Flow: The psychology of optimal experience. New York: Harper & Row.

DeMarco, L. E., Relf, P. D. & McDaniel, A.(1999). Integration gardening into the elementary school curriculum. HortTechnology 9(2): 276 − 281.

Diener, E., Suh, E. M., Lucas, R. E. & Smith, H. L.(1999). Subjective well − being: Three decades of progress. Psychological Bulletin 125(2): 276 − 302.

Eisenberg, N., Fabes, R. A. & Losoya, S.(1997). Emotional responding: Regulation, social correlates, and socialization. In p. Salovey and D. J. Slutyer(Eds.), Emotional development and emotional intelligence: educational implications. New York: Basic Books.

Enochs, P. D.(1965). An experimental study of a method for developing creative thinking in fifth − grade children. Ph. D. research paper.

Guilford, J. P.(1950). Creativity. American Psychologist.

Hartup, W. W.(1975). The origins of friendships. In M. Lewis and L.A. Rosenblum(Eds.) Friendship and Peer relations. New York: John Wiley & Sons.

Hurlock, E.(1981). Child development. N. Y. McGraw − Hill, Inc. 321 − 350.

Love, H. D.(1976). Parental attitude toward exceptional children. MASS: Charles C. Thomas, Pub Sprinfield.

Nowlis D. P., Kamiya J.(1970). The control of electroencephalographic alpha rhythms through auditory feedback and the associated mental activity Psychophysiology 6: 476 − 484.

Seligman, M. & Csikszentmihalyi, M.(2000). Positive psychology: An Introduction. American Psychologist 55: 1 − 14.

Parker, J. G. & Asher, S. R.(1987). Friendship and friendship quality in middle childhood: Links with peer group acceptance and feelings of loneliness and social dissatisfaction. Developmental Psychology 29: 611 − 621.

Patrick, C.(1955). Wat is creative thinking? New York: Philosophical Library, Inc.

Peiaget, J.(1962). Play, dreams and imitation in childhood. New York. Norton & company.

Petrie, G. P.(2000). The effects of aromatherapy on anxiety levels of methadone clients, Implications for treatment. MSN degree, Gonzaga University.

Relf, P. D.(1992). Human issues in horticulture. HortTechnology 2(2): 159 − 171.

Salovey, P. & Mayer, J. D.(1990). Emotional intelligence. Imagination, Cognition and Personality 9(3): 185 − 211.

Simonton, D. K.(2002). Creativity. In C. R. Snyder, & S. J. Lopez(Eds.), Handbook of positivity psychology. New York Oxford University Press: 189 − 201.

Torrance, E. P.(2005). Why Fly?: A philosophy of Creativity.

Zajicek, J. M.(1997). Introduction and overview of opportunities in interdisciplinary research in children's gardening. HortScience 32: 556.



아동의 창의성 발달을 위한 긍정적 원예치료

주은연

**▌약 력**

대구가톨릭대학교 대학원 원예학과(원예치료) 박사
원예치료사, 미술치료사, 성폭력·가정폭력 전문상담원, 플로리스트
한국원예치료복지협회 이사, 한국인간식물환경학회 이사, 원예케어센터 마음의 숲 교육부장
대구카톨릭대학교 강사

**▌주요 논문**

원예치료가 학습부진아의 행동특성 및 정서에 미치는 영향(석사논문)
긍정적 심리학을 적용한 원예치료가 아동의 창의성 발달에 미치는 영향(박사논문)
노인의 우울감소에 미치는 원예치료의 효과와 소재색상 선호도 조사
원예치료가 시설보호아동의 정서발달 및 대인관계에 미치는 영향
원예치료가 시설아동의 자아개념 및 인성발달에 미치는 영향
경로당 여가활동을 위한 원예활동 선호도 조사
원예치료가 학습부진아의 자아개념에 미치는 영향
일본군'위안부'할머니의 우울증 경감과 정서안정에 미치는 원예치료의 효과
원예치료가 학습부진아의 문제행동변화에 미치는 영향

아동의 창의성 발달을 위한
## 긍정적 원예치료

**초판발행**  2010년 4월 12일
**초판 3쇄**  2019년 1월 11일

**지은이**  주은연
**펴낸이**  채종준
**기  획**  이주은
**편  집**  박재규
**표지디자인**  장선희
**아트디렉터**  양은정
**마케팅**  김봉환

**펴낸곳**  한국학술정보(주)
**주소**  경기도 파주시 회동길 230 (문발동)
**전화**  031 908 3181(대표)
**팩스**  031 908 3189
**홈페이지**  http://ebook.kstudy.com
**E-mail**  출판사업부 publish@kstudy.com
**등록**  제일산−115호(2000. 6. 19)

ISBN  978-89-268-0920-4 93180